nicht erwähnen

sneha

Ukiyoto Publishing

Alle weltweiten Veröffentlichungsrechte liegen bei

Ukiyoto Publishing
Veröffentlicht im Jahr 2023

Inhalt Copyright © Sneha
ISBN 9789360166755

Alle Rechte vorbehalten.

Kein Teil dieser Publikation darf ohne vorherige Genehmigung des Herausgebers in irgendeiner Form, sei es elektronisch, mechanisch, durch Fotokopie, Aufzeichnung oder auf andere Weise, vervielfältigt, übertragen oder in einem Datenbanksystem gespeichert werden.

Die Urheberpersönlichkeitsrechte des Autors sind geltend gemacht worden.

Dies ist ein Werk der Fiktion. Namen, Personen, Unternehmen, Orte, Ereignisse, Schauplätze und Begebenheiten sind entweder der Phantasie des Autors entsprungen oder werden fiktiv verwendet. Jede Ähnlichkeit mit tatsächlichen lebenden oder toten Personen oder tatsächlichen Ereignissen ist rein zufällig.

Dieses Buch wird unter der Bedingung verkauft, dass es ohne vorherige Zustimmung des Verlegers nicht verliehen, weiterverkauft, vermietet oder anderweitig in Umlauf gebracht werden darf, und zwar in keiner anderen Einbandform als der, in der es veröffentlicht wurde.

Poesie ist nur mit Menschen möglich, die dich lieben oder verletzen, und ich danke beiden.

Einführung

Ich dachte, Schmutz unter den Fingernägeln sei normal,
hörte mir alle Probleme an, nahm es dann locker
aß Zuckerrohr auf den Feldern,
Segnungen waren die einzigen Schutzschilde.
ich habe schnell vorausgesehen, was in der geschichte meiner großmutter passieren würde.
Das tat ich immer, aber ich wollte mich nie der patriarchalischen Kultur und ihrem Ruhm beugen.

zu fuß zur schule zu gehen und zu fuß nach hause zu kommen war routine.
nichts tun war das hobby, sinnlose gespräche mit freunden am ufer des flusses waren das bling
ein Modell meines zukünftigen Zuhauses aus dem Sand zu bauen,
wenn es nichts zum Spielen gab, bastelte ich mit meinen Händen Papier- und Tonspielzeug

Ich schlief immer um 20 Uhr ein,
ich habe mir Schlangen und Eidechsen mit Neugierde angeschaut,
und wurde noch neugieriger zu wissen, ob man an ihrem Gift sterben kann

Ich bin immer vor Sonnenaufgang aufgewacht,
dachte immer, dass mehr Gespräche einen weise machen können

ohne Spielzeug gespielt,
ohne Grund gelacht,
feierte ohne jeden Anlass,
sich wie eine Prinzessin gefühlt, ohne eine Villa zu besitzen,
wuchs auf, ohne Aufmerksamkeit zu brauchen.

Es ist eine Sammlung von Herausforderungen und Grenzen, die ich erlebt habe, von Träumen und Momenten, die ich von Kindheit an gehegt habe, um zu überleben. Da ich in einer ländlichen Gegend geboren wurde, in der Gesundheit und Bildung für die meisten ein Traum sind, habe ich mich immer gefragt, warum es so schwierig ist zu leben und warum es so viele Herausforderungen gibt, denen wir uns jeden Tag stellen müssen. Warum kann das Leben nicht einfacher sein, wenn es nicht sogar ganz günstig für uns ist?

in dieser anthologie geht es um die welt, die ich sehe, um menschen in meinem umfeld, um mitfrauen und ihre erfahrungen, um meine beziehungen, meine familie und wie sie mein leben beeinflusst, und um die welt, in der ich gerne gelebt hätte, um die art von umgebung, beziehungen und unterstützung, von der ich träume.

diese sammlung soll niemanden lächerlich machen oder ausnutzen, sondern jemanden erreichen, der damit kämpft, Entscheidungen zu treffen, um mit dem fertig zu werden, was das Leben ihm vorsetzt. ich weiß, dass ihr nicht in allem mit mir übereinstimmen werdet; wir alle leben mit verschiedenen Orten, Menschen und Wahrnehmungen, und das ist etwas, das ich begrüße.

inhalt

1-13	1
14-27	55
28-40	113

about the author **Error! Bookmark not defined.**

1-13

im park, im hinterhof, im brunnen, auf der müllhalde oder am flussufer. an so vielen ungewöhnlichen orten ist ihre anwesenheit leicht zu spüren. das gras, auf dem du gehst, die blume, die du in der hand hältst, das land, auf dem du stehst, ist so schön, wie es ist, weil es eines tages von einer reinen seele wie der ihren befruchtet wurde. ihre augen haben nie etwas außerhalb des wässrigen schoßes gesehen. ihre nasen haben nie die schweißnassen achselhöhlen der mutter eingeatmet. ihre lippen hatten nie die chance zu sprechen. ihr körper, eingewickelt in verschiedene tücher, hatte das glück, die wärme des ersten und letzten menschen zu spüren, der sie hielt. nicht so tief in der erde begraben, wie so viele andere, fühlt sie sich hier nicht einsam.

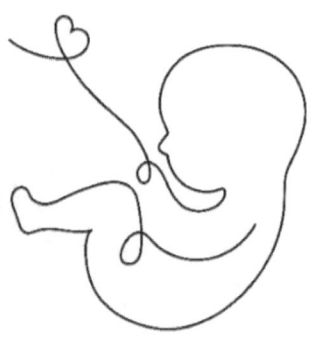

ihre schöpfer waren verschieden, die nahrung, die sie aßen, war verschieden, die orte, denen sie angehörten, waren verschieden, die sprachen, die sie sprachen, waren verschieden, ihre reise zu diesem ort war auch verschieden, nur das gemeinsame schicksal war das gleiche. sie können ihre existenz aus der Welt löschen, aber nicht aus ihren Köpfen. sie wird immer älter sein als ihr bruder, wenn nicht in dieser Welt, dann sicher in ihren Köpfen.

ihr verwirrter Verstand und ihr verwirrtes Herz haben oft darüber debattiert: "Ist es eine Art Mandat, dass ein Mädchen eine Last ist und kein Recht zu leben hat?" Wenn ja, wie ist meine Mutter dann entkommen? oder ist das Leben meiner Mutter nur ein Gefallen? sie wünschte, sie könnte die Denkweise von Menschen entschlüsseln, die denken, dass es in Ordnung ist, weibliche Säuglinge zu töten. was geht in ihnen vor? was veranlasst sie zu diesem schritt? denken sie auch nur eine sekunde lang über das geschlecht hinaus? wissen sie überhaupt, dass das geschlecht des babys genetisch festgelegt ist, dass es nicht von dir oder mir gewählt werden kann?

sie hofft, dass die angst, gegen das gesetz zu verstoßen, das blut derjenigen zum gefrieren bringt, die leicht die hände heben, um weibliche kinder zu töten. sie betet zu gott, dass es bald aufhört, und ihr gott lebt nicht im tempel und erfreut sich am klang der glocken. ihr gott lässt sich nicht von religiösen diskussionen beeindrucken; ihr gott lebt nicht in versen, die in heiligen büchern stehen. ihr gott erfreut sich am unschuldigen lächeln von kindern. ihr gott lebt im herzen von menschen, die durch ihre handlungen liebe zeigen. eines tages wird sie ihren gott fragen, warum es so einfach ist, in wenigen stunden über das schicksal eines lebens zu entscheiden?

all diese süßen, kleinen stimmen vereinen sich im einklang und werden eines tages so stark an gottes ohren dringen, dass er gezwungen sein wird, sich zu entscheiden. er wird sich entscheiden müssen, entweder kein leben mehr zu schaffen oder kein geschlecht mehr.

vom Mutterleib zum Grab - ihr Lebensweg, der nicht von ihr selbst gewählt wurde

wow, genau das, was sie wollte, eine große Tafel Schokolade,

Wie fürsorglich diese Welt doch ist, dachte sie sofort.

nicht ahnend, dass sie eine Neuigkeit verkünden wird,

die die Augen von tausenden von Menschen verdunkeln wird.

Sneha

Einige waren zwei Jahre alt, andere drei,

Wer hätte gedacht, dass Schokolade teurer ist als Würde?

Es tat weh,

es blutete,

es tat weh,

sie schrie,

Sie wünschte, sie hätte seine Absichten einschätzen können,

aber es war zu spät, als sie anfing zu zweifeln

und er fuhr fort, seine Lust zu befriedigen, bis sie starb.

billiger als Pralinen?

dass die Belästigung in ihrem Kopf immer noch existiert, aber,

sie fürchtete, wenn sie es so nennen kann, dass der Sexist

er würde hundert Dinge planen, um sie zu treffen

damit er sie überall berühren kann, von Kopf bis Fuß

Sie erkannte seine Absichten erst, nachdem sie ihn einmal getroffen hatte.

Zu diesem Zeitpunkt hatte die Frau in ihr ihre Unschuld verloren.

sie beschloss, diese Angelegenheit bei ihren Vorgesetzten vorzubringen

man nannte sie supersensibel und bat sie, von anderen zu lernen

seine Gier wurde von Tag zu Tag größer

alle ethischen Grundsätze und Werte in Schach zu halten

ihn zu ignorieren war die einzige Möglichkeit

nur teilweise, ganz, war nicht möglich

Sneha

Diese Jungen waren keine Vergewaltiger.

Sie sind vielleicht gut in ihrem Leben.

Sie müssen sich mächtig fühlen, wenn sie von ihr alles bekommen, was sie wollen.

Es muss ihnen Vergnügen bereitet haben, wenn ein Mädchen vor ihnen flehte.

Es muss ihr Ego gefüttert haben, auch wenn sie sich nicht bewusst waren, was Ego ist.

Es war ihre erste unerwünschte Aufmerksamkeit, aber nicht die letzte.

Noch heute verfolgt sie dies Tag und Nacht, im Dunkeln und im Hellen.

Wenn sie heute die jüngere Generation berät, wie Mädchen sich schützen können, tut sie das aus Angst und nicht aus Fürsorge.

Das ist der Unterschied, den ein Kindheitstrauma ausmacht. Es lebt mit dir. Manchmal schaut es dich von weitem an und macht dich still.

Manchmal findet es Ähnlichkeit mit der Gegenwart und bringt dich zum Weinen.

Du weißt, dass du damit nicht durchkommst. Du versuchst, Wege zu finden, dich davor zu verstecken.

Man sagt, ein Nein ist ein Nein.

aber,

ein Schweigen ist kein Ja.

Kindheitstraumata lassen einen nie los

Eine Berührung kann deine Seele schneiden und sie für immer bluten lassen.

die Berührung des Lehrers auf deiner Schulter,

die Berührung eines Cousins oder einer Cousine auf deinem Rücken bei einer Familienfeier,

die Berührung an deinen Schenkeln durch einen Unbekannten an der Straßenkreuzung

die Berührung durch einen Bruder wie einen Nachbarn, der später erklärte, dass es keine Absicht war

Du wäschst deine Wunden mit deinen Tränen,

du versuchst, eine seltsame Logik in der Welt zu entdecken, und du wendest sie an

und du weinst und weinst und weinst

Ja, du hast deine Seele genäht und bist im Leben vorangekommen,

du gibst jemandem ein Stück deiner Liebe, und du versuchst sogar, das Ganze zu geben, ja, du sitzt da und überzeugst dich, dass nicht alle Menschen gleich sind,

manche Menschen sind nüchtern,

du sagst das dem Spiegel

aber dein Herz ist verängstigt,

das Blut zu sehen, das wieder von diesen Schnitten tropft, überall.

dieses Gefühl geht nie weg

Es gibt diese Zeit zwischen dem Eintritt ins Erwachsenenalter und der Zeit, in der du weg bist.

An diesem Punkt des Lebens bist du am empfindlichsten. Irgendwann fängst du an, außerhalb deiner selbst nach der Bestätigung zu suchen, dass "du fähig bist", "du würdig bist" und "du Liebe bekommen kannst".

Irgendwo lädst du leicht Scham, Schuldgefühle und die Sichtweise anderer in deine Gedanken ein.

Die Angst vor Kritik und vor dem Alleingelassenwerden fängt an, dich zu verändern, was dich dazu verleitet, das Leben zu leben, das du dir vorgestellt hast. Du neigst dazu, das zu übernehmen, was andere dir vorgeben, weil du dir nicht sicher bist, welche Art von Leben du willst.

Sie beginnen leise, Ihre innere Stimme zu überstimmen.

und es ist zu spät, wenn du weißt, dass du getan hast, was du nicht getan hättest.

Sneha

Die Pubertät ist mehr als eine Flucht vor den Hormonen

warum wollen Sie schön aussehen?

'Weil ich mich selbst liebe', sagte sie.

weil sie es mag, wenn Jungs sie hänseln", schrie die Gesellschaft.

Warum willst du studieren?

'Weil ich in meinem Leben wachsen will', sagte sie.

'damit sie eine wohlhabende Familie für ihre Hochzeit bekommt', argumentierte die Gesellschaft.

Warum willst du arbeiten?

'Weil ich finanziell unabhängig sein möchte', sagte sie.

Ja, lass sie arbeiten und selbst erfahren, wie hart die Welt außerhalb des Hauses ist. Sie muss den Job aufgeben, wenn sie heiratet; die Gesellschaft erwartet, dass sie das akzeptiert.

'Schlampe", gab ihr die Gesellschaft einen neuen Namen.

'Ich lebe nur mit dem Mann zusammen, den ich liebe', antwortete sie.

'Sie wurde gebläut und gequält', das ist es, was man bekommt, wenn man nicht in der Lage ist, seinen Mann glücklich zu machen, rechtfertigte die Gesellschaft

'weil ich nein zur fleischlichen Liebe meines Mannes gesagt habe', sagte sie mit ungehörten Worten.

Worte haben keine Zähne, aber sie beißen

eine Ohrfeige, weil sie nicht in der Lage ist, eine perfekte Tasse Tee zu kochen.

eine Ohrfeige dafür, dass sie sich für das Studium interessiert.

eine Ohrfeige für das Spielen bis zum Sonnenuntergang.

eine Ohrfeige, weil sie mit Jungen gesprochen hat.

eine Ohrfeige, weil sie ihren Vater gebeten hat, nicht zu trinken.

eine Ohrfeige, weil sie die Prüfung nicht bestanden hat.

eine Ohrfeige, weil sie Geld für den Kauf von Damenbinden verlangt hat.

eine Ohrfeige, weil sie die Hausarbeit nicht ordentlich erledigt hat.

eine Ohrfeige, weil sie Interesse an Karate gezeigt hat.

eine Ohrfeige, weil sie ihren jüngeren Bruder nicht respektiert hat............

und die Liste geht weiter.................................

ps - es war jeweils nur eine Ohrfeige, also kein Verbrechen.

Die Ohrfeige wirkt nicht auf die knochenlosen Wangen, sondern auf den Geist, wo sie aufschlug

sie blickt hilflos zurück; warum muss sie sich täglich Stirnrunzeln voller Fragen und Rechtfertigungen für ihre Hautfarbe gefallen lassen?

Einige werden sie verfluchen, weil sie dunkel geboren wurde,

einige werden sie anschreien, weil sie ihren Weg kreuzt,

einige werden sie mit all den schwarzen Dingen vergleichen, die es auf dem Planeten Erde gibt

die Leute haben ihre guten Sachen vor ihrem Schatten gerettet

nie eingeladen, nie gewollt,

fütterten sie mit der Schuld, die sie ihr immer auferlegen wollten

sie versucht, durch dunkle Jahre zu waten; alles in ihr versucht, die richtige Menge an Melanin zu finden, die den Leuten den Mund stopft, in der Hoffnung, dass sie aufhören, sie als unglücklich zu betrachten. sie weiß nicht, wann die Welt verstehen wird, dass schwarz die Hautfarbe ist, nicht die Not.

weiß ist nicht immer richtig
schön ist nicht immer schön

dunkel geboren war keine Wahl

man kann nicht sagen, dass Rosa die Farbe der Mädchen ist, und gleichzeitig Gleichberechtigung predigen

wirf all deine Fehler und Schande weg
sie würde immer am empfangenden Ende sein

ihren Job dafür verantwortlich machen, dass die Kinder nicht zur Schule gehen und all den Unsinn, den sie mit sich herumtragen
ihre Schönheit, wenn sie jung ist, dafür verantwortlich zu machen, dass sie nicht heiraten kann

ihr Alter, wenn sie alt ist, dafür verantwortlich zu machen, dass sie mit der neuen Generation nicht zurechtkommt
ihre Gewohnheiten sind schuld daran, dass ihr Körper nicht richtig funktioniert

ihre Eltern dafür verantwortlich machen, dass sie ihr nichts Nützliches beigebracht haben
ihre Unfähigkeit, ein Kind zu gebären und die ganze Familie in Schande zu bringen

gib dem Erzähler die Schuld, gib dem Erzählten die Schuld,
gib den Jungen die Schuld, gib den Alten die Schuld,
niemand mag diesen Dreck wegmachen
Wir alle beherrschen dieses Spiel der Schuldzuweisung, es liegt uns im Blut.

Warum halten wir an dieser Kultur der Schuldzuweisung fest, wenn wir uns nicht schämen?

es gibt so viele Dinge, die wir tun wollen

entweder durch Planung oder durch einen Fluss

durch ein Stück Stoff,

Scham wird nicht versteckt

durch eine Schüssel mit Linsen,

der Hunger wird nicht besiegt

lass uns die Münze des Glücks werfen

Gesundheit oder Reichtum? heute, was zu tun

töte einen Wunsch, um einen anderen zu erfüllen,

einen Kredit aufnehmen, um einen anderen zu schließen,

mit dem Mangel kämpfen,

ein neuer Weg, jeden Tag

Gedanken einer bürgerlichen Familie

unter dem Mangobaum,

sitzt du an einem ruhigen Ort

hältst den leeren Korb

Tränen der Freude erhellen dein Gesicht

du hast die Samen auf dem Land gepflanzt

dein Geist ist voller Fragezeichen

Darlehen, Wasser, Sonne und Regen,

wirst du es dieses Jahr ganz bekommen oder wieder in Hälften

du isst, was du anbaust

und all das Geld, das dieser gesunde Laden einbringt

Sie sind ein Landwirt

nicht alle Männer erniedrigen Frauen, beschimpfen sie und schreien,

manche Männer sind liebevoll und halten Frauen für ein Juwel

nicht alle Frauen sind sanft und liebevoll,

es gibt Frauen, die sich verschwören

Hass, Gewalt und Eifersucht haben kein Geschlecht

die Welt kämpft nicht zwischen Frauen und Männern, es ist der Kampf zwischen Gut und Böse.

Sneha

we all bleed the same

Gewalt hat kein Geschlecht

als Kinder haben wir uns gegenseitig geschlagen.

Wir haben mit Worten gekämpft, als wir jünger waren.

Jetzt haben wir eine tödlichere Waffe entdeckt.

manipulative Gedanken

wie du lachst

wie sehr du dir wünschst

eine Tochter zu sein, aber keine gute zu sein

wie du dein Haar frisierst

wie du denkst und sprichst

wie viel du ruhst und gehst

wie du liebst und wie du nicht liebst

was ist deine Hautfarbe

was deine Talente sind

und wie tief deine Narben sind.

Du brauchst dich nicht dafür zu entschuldigen, dass du du bist.

Fliege nicht, wenn deine Flügel gebrochen sind,
flick sie wieder zusammen

liebe nicht, wenn dein Herz schmerzt,
heile es zuerst

erwarte kein Glück, wenn deine Seele zerbrochen ist,
mach weiter und fang neu an

Urteile nicht über Menschen, nur weil du sie siehst,
erkenne zuerst ihren Kampf

erwarte keine Blumen vom Leben
gieße den Boden und entferne den Staub.

Gib dem Leben nicht die Schuld für deine Taten

Wenn du denkst, dass du nur in der Institution erzogen werden kannst, dann schau dich noch einmal um.

wenn du denkst, dass du nur dadurch verletzt werden kannst, wie andere dich behandeln, dann höre wieder auf dein Inneres.

wenn du denkst, dein Wissen kommt nur aus Büchern, dann lebe wieder.

der beste Lehrer ist das Jetzt

tue heute, was du kannst, anstatt auf ein perfektes morgen zu warten. denk daran, dass das morgen niemandem versprochen ist.

warte nicht darauf, dass die sonnenstrahlen aufgehen. manchmal kannst du lächeln, wenn du die diamanten im gras siehst.

warte nicht, bis du in Form bist, bis du genug Geld in den Händen hältst, bis du einen größeren Freundeskreis hast, bis du ein größeres Haus bekommst; genieße, was du jetzt hast, einfach weil du es kannst.

argumentiere nicht mit dir selbst, dass die Vergangenheit hätte besser sein können, dass morgen etwas schief gelaufen wäre, dass die Gegenwart so oder so sein sollte. umarme die Schönheit des Lebens, alles davon, denn das Leben ist dir gegeben, und du kannst es.
im rennen um das, was du willst, vergisst du oft, was du kannst.

tu heute, was du kannst.

ein kleiner Schritt heute kann ein großer Schritt morgen sein

alles wissen,
nichts verstehen

die eigene Kultur ist wahnsinnig,
immer über Gewichtszunahme besorgt sein

zuschauen, wie sich die Nation spaltet
Wahlen sind Umbenennungen von Lügen

sich für den Besten halten, den Rest hassen
mehr ausgeben, weniger kaufen
echte Gefühle für jemanden sind nur ein Konzept,

Liebe war nur wahr, als die Bigotterie ausbrach
Hashtags" wurden zur Pflicht,
Wie erstellt man einen viralen Beitrag?" - ganz einfach:
Man schreibt etwas Abfälliges.

so zu sein wie der Lieblingspromi war vorher ein Traum, jetzt ist es ihr Bedürfnis.

Jemand muss für die Verletzung verantwortlich gemacht werden, und die Religion steht an erster Stelle auf der Liste.

um die Welt von gestern zu sehen…

die alte Generation muss der neuen ein wenig Licht geben

Geschmack aus Gemüse,
Frieden von den Tischen,
der lokale Bauernmarkt von den Straßen,
das Leben in Kits aufgeteilt

Respekt für die Arbeit,
Begegnungen aus Gassen,
Ernährung aus Stöcken
Aufwachen, um das Sonnenlicht zu genießen
wie das Zwitschern der Vögel eine Freude ist

Tänze in den Duschen

das Streicheln der Blumen

die auf die Antwort des handgeschriebenen Briefes warten,

mit dem Wo und Warum nach Hause gehen.

die Industrialisierung hat uns viel genommen

da uns nie geholfen wurde, ohne dass wir etwas dafür zurückbekommen haben

da wir nie ohne Grund geliebt wurden

da wir nie Freundlichkeit ohne Zweck erfahren haben

weil wir uns nie in Frieden gefühlt haben, ohne dass es einen Grund dafür gab.

wir ständig nach dem Warum hinter jeder Handlung suchen

wir haben vergessen, dass Unterstützung eine Unterstützung sein kann

Erfolgserlebnisse ohne Bericht sein können

ein Lächeln ein Lächeln sein kann

Freundlichkeit empfangen werden kann, ohne dass man eine Weile warten muss.

übermäßiges Analysieren tötet die Essenz

wenn jemand unhöflich zu Ihnen ist,
und du darauf reagierst,
verstopft die Unhöflichkeit dein Herz,
und es entleert sich, wenn jemand netter zu dir ist
so wie du von Anfang an freundlicher warst

antworte darauf mit einem Lächeln,
und runzle nicht die Stirn
Verwandle diesen Trübsinn in Liebe
und wende den Teufelskreis der Unhöflichkeit um.

Unhöflichkeit ist die Saat des Hasses

lass dich nicht von der Angst vor dem Scheitern blind für die Möglichkeit des Erfolgs machen

Lass dich von der Freude über die Verwirklichung deiner Träume leiten

Lass dich nicht von deiner Komfortzone einschränken

treiben Sie sich selbst an, um sich zu beweisen

Lass dich nicht von Schwierigkeiten demotivieren

kümmere dich, traue dich und bleibe dir treu

du bist vielleicht nicht da, wo du sein willst, aber du bist irgendwo

lass nicht zu, dass dein Ego deine Freundlichkeit überwältigt

lass deine Nettigkeit nicht zu deiner Schwäche werden

denn...

Der Weg zu deinem Traum ist wunderschön schrecklich

das kind in uns muss viele Jahrzehnte lang geschützt werden; dann spielt dieses kind mit unseren kindern.

Aber wenn das Kind in uns auf der Reise des Lebens stirbt, dann stirbt auch ein Teil der Unschuld unserer Kinder, die von dem Kind in uns ausgeht.

Die Traurigkeit über die Dinge, die wir verloren haben, bleibt mehr im Gedächtnis haften als das Glück, sie erreicht zu haben.

das Kind in Ihnen zu schützen

immer motiviert zu bleiben

immer glücklich sein

365 Tage lang seinen Träumen nachjagen

einen perfektionierten Lebensstil.

diese Lügen klangen wie die Wahrheit

nur weil sie nicht vor ihnen weinte, dachten sie, dass sie nie traurig war

nur weil sie selbstbewusst war, dachten sie, sie bräuchte keine Unterstützung.

nur weil sie ihre eigenen Entscheidungen treffen konnte, dachten sie, sie bräuchte kein Mitgefühl mehr.

Sie sahen sie immer an und sagten: "Sie kann es allein schaffen.

Was sie nicht verstanden, war, dass sie sich selbst Tag für Tag und Gefühl für Gefühl so gemacht hatte, weil sie nie die Unterstützung und Aufmerksamkeit bekam, nach der sie immer gesucht hatte.

Alle sahen, wie sie ihnen erschien,

niemand erfuhr, wer sie war.

Mitgefühl ist eine Notwendigkeit

Stärke liegt nicht darin, jemanden niederzumachen,

Deine Stärke ist es, nach deinen Werten und deiner Ethik zu leben, auch wenn dich jemand niedermacht.

Unabhängig zu sein bedeutet nicht, ein festes Einkommen zu verdienen,

unabhängig zu sein bedeutet, durch die Schwierigkeiten des Lebens zu segeln, die eigenen Entscheidungen zu treffen und zu entscheiden, welche Richtung man im Leben einschlagen will.

Sich selbst zu akzeptieren bedeutet nicht, Kompromisse einzugehen und sich niederzulassen,

alle teile von dir sind akzeptabel, die schönen und die verleugneten teile, um zur ganzheit zurückzukehren. nimm deine unzulänglichkeiten an, arbeite an ihnen, verbessere dich anmutig, und sieh, wie dein leben aufblüht.

geh weiter, geh weiter auf deinem lebensweg. nicht weil dich niemand aufhalten kann, sondern weil du deinem inneren selbst vertraust, wirst du trotzdem weitergehen.

Baue keine Mauern, sondern starke Werte, um dich zu schützen

behandeln Sie sie nicht so, wie sie Sie behandelt haben

entmutigen Sie sie nicht, wenn sie Sie entmutigen

gibst du das Gute dem Schlechten zurück

du schenkst den Traurigen ein Lächeln

du blühst über den Wurzeln des "wie du mir, so ich dir" auf

du wächst und machst es besser als das, was sie dir angetan haben

es wird Stimmen geben, die dir das Gegenteil beweisen

aber du drückst die Stummtaste.

inspiriere deine Feinde

Du wurdest mit einem weichen Herzen und einem starken Willen geboren.

du kontrollierst deine Selbstliebe und Selbstzweifel.

Deine Gedanken sind nicht immer richtig.

du bist wie jeder andere Mensch, dem du begegnest; wende nicht die Mathematik von besser als oder weniger als an.

blumen suchen nie nach duft im freien; der fluss ist nie durstig nach wasser. sei stolz auf das, was du hast.

denke nie, dass Langsamkeit kein Fortschritt ist

denke nie, dass man Veränderungen nicht ändern kann

andere waren nie die Quelle deines Glücks

deine Fehler haben dich nie definiert; deine Einstellung schon höre nie auf zu wachsen

Sieh niemals auf diejenigen herab, die nicht so wettbewerbsfähig sind wie du

ärgere dich nie über das, was andere über dich denken; es ist ihr Problem, nicht deins.

deine Schönheit ist so einzigartig wie du selbst.

Du wurdest geboren, um zu strahlen, zu leben und zu lieben.

du wurdest ohne Sorgen geboren, stirb nicht mit ihnen.

Zufriedenheit ist der Schlüssel zum Glück

14-27

Ich möchte dich wie Haut tragen,
ich möchte dich wie Luft berühren,

ich fühle, dass ein Teil von dir in mir wohnt,
ich sehe dein Abbild in allem um mich herum.

ich sehe alles doppelt, mit meinem Blickwinkel und wie du es sehen würdest.
ich glaube, ich werde mehr von dir werden, als ich bin, wenn wir weiterhin zusammen sind. ich liebe es, wie du mich liebst, und ich möchte, dass niemand das mit jemandem tut. es sollte nur eine solche Liebe auf dieser Welt geben.

und dies ist meine einzige,

Wunsch, Traum, Gebet und Erwartun

lass mich meine Tore der Gefühle öffnen

lass deine Liebe wandern,

nimm meine innerste Angst, die sich in meinem Blut versteckt, und wirf sie aus der Welt

ich lade dich ein, in meinem Leben zu leben

lass die Herzen erbeben,

als ob es zerbröckeln würde,

lass uns über unsere spröden Herzen lächeln,

schwebend auf diesen Emotionen

und versuchen, alles zu absorbieren,

und am Ende durcheinander geraten.

Willst du Teil meiner Welt sein?

der kaffeeduft aus den leeren papierbechern, das grelle licht des konferenzraums, so viele köpfe, die reden, so viele entscheidungen, die getroffen werden, aber ich sitze fest mit einem lächeln im gesicht, weil ich in meinen gedanken ganz woanders bin, bei dir.

Ich liebe es mehr, wenn es um Worte geht, die du nie gesagt hast und die ich in meinen Gedanken immer wieder höre.

ich liebte die zeit, die du gebraucht hast, um "ich liebe dich" zu sagen, mehr als dein "ich liebe dich" zu hören.

ich mochte es mehr, als du sagtest, 'ich schreibe ein Gedicht für dich', als es zu lesen.

ich habe das Warten genossen, als du sagtest 'wir werden uns bald treffen', mehr als dich zu treffen.

ich bewundere deine Bemühungen, etwas zu tun, mehr als die Arbeit selbst.

Die Welt kann mich für seltsam halten, aber es ist meine Art, jeden Moment mit dir zu leben.

ich lebte mit dir sowohl in den Momenten, in denen du bei mir warst, als auch in denen, in denen du nicht bei mir warst.

hier ist die Liebe im Warten

als du mit meinem Zwinkern infiziert wurdest.
als du meine ganze Existenz umarmt hast,
wir ließen unsere Haut sprechen.

als meine Haut dich ohne deine Erlaubnis küsste
als dein Atem die Innenseite meines Halses streichelte.

und du den Kampf zwischen deinem Finger und meinem verstrickten Haar gegen mein Lächeln verloren hast.

als du deine Augen auf mich gelegt hast, haben sie mir erlaubt, mich aus den Trümmern zu ziehen und die Trümmer von mir zu entfernen.

ich ging in den himmel und kam in einem atemzug zurück, als dein finger über meinen rücken glitt, und es fühlte sich an wie hunderte von eiswürfeln, die vor freude tanzten.

Alle haben gesagt, dass du schön bist, aber als du es gesagt hast, habe ich es geglaubt.

da trafen sich unsere Seelen

auf Deinem Lächeln,

zwischen den Seiten deines Notizbuchs,

auf dem Tisch, auf dem du deinen Laptop, deinen Stift, deinen Kaffeebecher und meine Erinnerungen aufbewahrst,

inmitten des Funkelns der Lichterketten, die du dir allein ansiehst.

meine neuen Adressen

"Ich bin für dich da", als du sagtest: "Ich liebe dich".

Ich habe mein Leben schon gelebt, der Rest des Lebens ist nur noch eine Frage des Alters", als du sagtest: "Ich möchte den Rest meines Lebens mit dir verbringen.

'Zeit, Atem, die Welt, lass alles stehen bleiben und lass mich es fühlen', als du sagtest, 'ich vermisse dich'.

ein neues Strahlen auf meinem Gesicht, als deine Finger über mein Gesicht krabbelten.

'Ich kenne die Welt außerhalb von hier nicht', als deine 'Arme mich umschlossen'.

'Ich habe gelernt, Nanosekunden zu zählen', als du sagtest: 'Ich werde zurückkommen'.

meine Interpretationen dessen, was Sie sagen

Sneha

Als wir uns noch nicht nahe waren, wünschte ich mir, wir hätten uns lieben können.

Und jetzt, wo wir uns nahe gekommen sind und uns lieben, habe ich befürchtet, dass wir getrennt werden könnten.

wenn deine liebe versucht, meine wunden zu heilen, blutet sie zuerst; ich bin so daran gewöhnt, mit meinen verletzungen zu leben, dass ich mich völlig normal fühle, wenn ich noch eine dazu bekomme, aber wenn du versuchst, sie zu heilen, weiß ich nicht, wie ich darauf reagieren soll.

wenn ich weiß, dass du mir gehörst, dann schmerzt mehr als das Glück, es zu bekommen, die Trauer, dich zu verlieren.

Weil sich niemand so sehr darum gekümmert hat, weiß ich nicht, wie ich reagieren soll, wenn du es tust.

Ich weiß nicht, wessen Fehler es ist, dass ich nicht in der Lage bin, die Tatsache zu akzeptieren, dass du mich liebst, bin ich es oder du?

schräg und echt zugleich!

Manchmal möchte ich dir zuhören, um mich in deinen Worten zu verlieren.
Manchmal möchte ich bei dir sein, um von der Welt abzuschalten.
Manchmal brauche ich deine Anwesenheit in meinem Leben, um mich selbst zu finden.

Mein ganzes Leben lang habe ich darum gekämpft, meine Identität zu finden.

In den ersten Jahren konnte ich nicht herausfinden, wie ich mich dieser Welt erklären sollte, und später fand ich keinen Sinn mehr darin.

Aber du bist wie eine Brücke in mein Leben getreten. Mit dir kann ich mich selbst finden und versuchen, die Welt zu verstehen.

man sagt, dass die liebe einen stärker macht, aber ich möchte mit meiner ursprünglichkeit verschmelzen und einfach keine form, stimme oder farbe annehmen und einfach damit gehen, wie
Leben in mir fließt.

in diesem zustand möchte ich deine anwesenheit genießen, deinen atem, der in mir fließt,

deine Berührung bedeckt mich ganz und gar.

Deine Gedanken bewahren mich vor dem Zusammenbruch.

Deine Liebe hält mich am Leben, immer und jetzt.

Ihre Anwesenheit schmückt meine Gegenwart

ich bin dieser sand, der am ufer liegt, und du bist wie dieser ozean, in dem ich mein zuhause sehe.

während ich meinen Mut sammle,

während ich mir vorstelle, wie wir zusammen an diesem neuen Ort sind,

ist meine Bitte an dich, weiterhin Wellen der Liebe zu senden, die mich Stück für Stück mitnehmen können,

zu dir,

in meine Heimat.

ewiges Heimweh

die Art und Weise, wie du mir deine Zeit schenkst, als würde sie nur mir gehören.

Die Art und Weise, wie du mich aus meinem dunkelsten Moment herausgeholt hast, als wäre es der einzige Hoffnungsschimmer, auf den ich gewartet habe.

die Art und Weise, wie du mir das Gefühl gibst, dass ich mich selbst glücklich fühle, es sind nicht nur die Worte, die du mir sagst; deine Liebe ist tief im Inneren.

Du hast mir gezeigt, dass Hände zärtlich sein können. Die Art und Weise, wie du meine Hand auf dieser Lebensreise hältst, als ob es nicht du bist, sondern mein lang ersehntes Leben, das mit mir geht.

wenn ich dich liebe, liebe ich mich selbst

wann immer ich meine Augen schließe,
bist du immer da,
dein Haar, dein Grinsen,
deine braunen Augen,

deine Gespräche, manche sind so gemein
wenn ich in der Nacht schlafe,
hülle mich in einen tiefen Schlaf,
da bist du wieder bei mir,

wie ein Film, ich spiele ihn auf Wiederholung
ich sehe dein Gesicht in Fremden,
höre deine Stimme in jedem Lied,
dann frag mich,
warum bist du so lange weg?

ich habe Angst vor dieser Leere

weil wir weit weg sind, bedeuten uns dieser anruf, diese nachrichten, diese kleinen momente unserer zusammengehörigkeit so viel.

Ich möchte dieser Entfernung dafür danken, dass sie kleine Momente zwischen uns größer macht.

Hätten wir in der Nähe oder zusammen gelebt, hätte ich den Drang verloren, dich besser kennen zu lernen, und hätte vielleicht das Interesse daran verloren, mit dir zusammen zu sein. diese Entfernung hält diese Beziehung vielleicht am Leben.

Vielen Dank, liebe Distanz

du kannst nicht in den alltag zurückkehren, als wäre nichts geschehen, und nach ein paar tagen denselben fehler erneut begehen. bitte rede dir nicht ein, dass du mich eines tages überzeugen kannst und ich wieder mit dir reden werde, wie ich es getan habe.

ich passe meine gefühle nicht mehr deinen meinungen an. es war nie dieser eine streit, dieser eine tag oder dieses eine wort, das mich weggetrieben hat; es waren die aufgestauten erinnerungen an diese vielen tage.

Ja, ich war von ganzem Herzen mit dir verbunden. Aber wenn ich nicht mit dir spreche, habe ich etwas Besseres als dich gefunden, nicht, dass ich von dir gelangweilt wäre.

man kann die gebrochenen Flügel nicht wieder anbringen

Love taught me how to live but it also reminded me what I could loose.

toxische Beziehungen sind eine solche Falle, dass es ungeheure Kraft kostet, aus ihr herauszukommen.

Sie wissen, dass die Art und Weise, wie Sie verstanden werden, nicht richtig ist, aber Sie wissen nicht, wie Sie es erklären sollen.

selbst wenn du es erklärst, weißt du nicht, ob die Leute dir zuhören werden.

Sie wissen, dass diese Menschen Sie auch ohne Ihre Erklärungen verstanden hätten.

selbst wenn du dich für sie änderst, werden sie nicht glücklich sein.

Du weißt, dass du an einem Ort gefangen bist, an dem du dir die Schuld dafür gibst, dass du Teil davon bist und nicht in der Lage bist, ihn zu durchbrechen.

toxisches Verhältnis = langsames Gift

Ich habe Gewinn und Verlust gemeinsam erlebt.
ich habe "ja" zu all deinen fragen gesagt. ich habe dich in mein herz eingeladen und dir erlaubt, dort zu bleiben.
Du hast mir gezeigt, wie Liebe aussieht,

und
du hast mir gezeigt, wie die Liebe nicht aussieht.
mein wunsch, dir mehr zu gehören, als ich mir je gewünscht habe, mir zu gehören, wird nie erfüllt werden.

ein neuer ex in deinem leben ist alles, was ich je sein werde.
erst nachdem ich dich kennengelernt habe, habe ich verstanden, dass du auf dem Weg zu etwas viel Schönerem bist.

ich lasse mich von meinem Bedauern verzehren

wie Sonnenstrahlen deine Augen stechen und es dir schwerfällt, sie zu öffnen, so wie es schwer war zu glauben, als du mich betrogen hast.

So wie wir unsere Position anpassen und darauf warten, dass die Sonne nüchtern wird, so habe ich mich verändert und gewartet, ob deine Liebe zurückkommt.

So wie die Sonne sich nicht veränderte, und du schließlich von diesem Ort weggingst, so wie ich von uns zu mir kam.

je mehr ich mich anpasse, desto mehr tut es weh

wenn man weiß, dass der einzige Ausweg darin besteht, die Beziehung zu beenden, aber der wirkliche Schmerz besteht darin, dass man alles versucht, um sie zu retten.

wenn man Streit, Fehlverhalten oder Weinen nicht aus dem Weg geht, sondern Angst hat, sich der Stille zu stellen, weil man weiß, dass es sich nicht lohnt, dafür zu kämpfen.

Der wirkliche Schmerz besteht darin, zu sehen, wie der Kummer zwischen dir und dem, den du liebst, mit jedem Tag wächst; die Verzweiflung wächst in den Nächten, in denen ihr einander den Rücken zukehrt und diese Vermeidung bis zum Morgenkaffee fortsetzt, bis einer von euch das Haus verlässt.

diese Last der Angst betrübt meine Seele

Sneha

Ich mochte es nie, wenn du in meinem Kopf verblasst bist, aber ich habe es trotzdem durchgemacht.

Du klebtest an meinen Wimpern, und sobald ich meine Augen schloss, konnte ich dich sehen.

Dann gingst du langsam in meine Gedanken und saßt dort in einer Erinnerungsspur, und ich konnte dir begegnen, wann immer ich allein war.

dann gingst du in dieser spur weiter, und ich konnte dich kaum noch sehen, und ich kann jetzt keinen Schritt mehr auf dich zugehen.

Die Zeit verging, und du lebst nicht mehr dort, und ich kann dein Bild nicht mehr sehen.

es hat mich alles gekostet, dieses verblassen von dir in meinem geist mitzuerleben. zu sehen, wie die liebe, die ich am meisten geliebt habe, zerreißt, hat mich die ganze liebe in mir gekostet.

du bist irgendwo anders mit einer neuen, deine augen sind in ihren verloren, dein hemd ist durchtränkt von ihrem parfüm. und hier bin ich, rolle mich immer noch mit einem kissen um mitternacht zusammen und denke an die streitereien, die wir auf dem rücksitz des cabs hatten, und weiß nicht, wie es von hier aus weitergehen soll.

ich wünschte, ich könnte deine hand halten und dich davon abhalten, wegzugehen; ich wünschte, ich könnte das eis in deinem herzen wieder zum leuchten bringen, so wie es leuchtete, als wir uns geküsst hatten. und wir hätten neu anfangen können.

Loslassen lässt das Herz leer werden

ich bin so weit gegangen, dass ich nicht weiß, wie ich zur Liebe zurückkehren soll.
Ich denke langsam in dem leeren Raum, kniend vor einer weiteren lieblosen Nacht.

ich habe zu viel angst, eine entscheidung zu treffen, wie kann jemand so weise sein?
ich habe nur einen blick,
soll ich ihn mit Einsamkeit oder mit dir füllen

selbst wenn ich mich mit meinem ungebrauchten Herzen auf den Weg mache, um die Liebe zu finden, weiß ich nicht, ob der morgige Tag versprochen ist. ich weiß nicht, wann ich sie erreichen kann, und wenn ich sie erreiche, wird die Liebe so existieren, wie ich sie früher gesehen habe?

von der Einsamkeit verbrannt

Nehmen Sie nicht die Bedeutung der Worte, die Sie gehört haben. Nehmen Sie keine Rache und tun Sie nicht, was sie Ihnen angetan haben - es gibt keinen Grund, darüber zu streiten und zu weinen.

Wenn es mehr schmerzt, als dass es dich in einer Beziehung glücklich macht, dann verlasse sie und ziehe weiter.

gehen, damit du leben kannst

Liebe führt zu Herzschmerz.
mein herz hat diese formel so gut gelernt, dass ich, sobald die liebe in meinem leben aufblühte, begann, ihren stamm abzuschneiden, weil ich angst vor dem ende hatte.

denn mein herz kann den schmerz akzeptieren, der durch seine eigenen gefühle entsteht, aber es kann nicht tolerieren, dass menschen von hier verschwinden, nachdem sie eine spur hinterlassen haben.
Warum verlieben wir uns so schnell und kommen nur sehr langsam wieder heraus?

warum gehen diese gefühle nicht sofort zurück? warum müssen wir sie von einem tag auf den anderen aus dem leben streichen?

jemanden, den man liebt, kann man nie vergessen; niemand ist jemals weg; ja, das ist die Tatsache; man muss Wege finden, mit ihren Erinnerungen zu leben.
aber,
warum ist das so schwierig?

Der Verlust deiner Erinnerungen war ein bitterer Schlag

Ich nehme die Schuld dafür auf mich, dass es zu Ende ist.
ich habe es getan, damit ich ganz mir gehören kann.

lass mich meine angst sammeln, meine entscheidungen, meine traurigkeit, meine schuld
es ist besser, die Liebe zu zerstören,
auf dem Fundament des Opfers wurde sie gebaut.

Loslassen ist der neue Anfang

schieß deine schärfsten Worte, damit ich die Ohrfeige spüre.

Stich deinen Zorn in mich hinein, so dass meine Knochen den Schmerz spüren.
Stich ein Loch in mein Herz, damit es ein Leben lang blutet.

nimm all deinen hass in beide hände und wirf mich weg, damit meine seele zerschmettert wird.

wenn du mir überhaupt noch etwas geben willst,
dann gib mir das,
ich würde die Version von mir, die mit dir zusammen war, sterben lassen.

damit die hoffnung sich entzünden kann, lass mich die flammen sehen, die aus dem zerrissenen aufsteigen, und mich darauf vorbereiten, wiedergeboren zu werden.

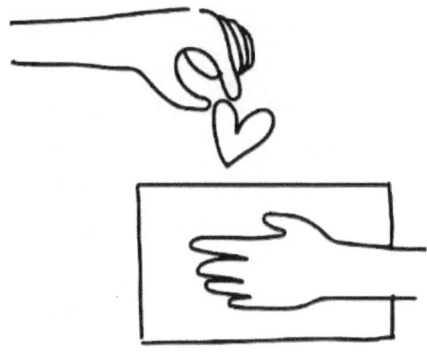

Transformation ist Wiedergeburt

es ist eine tasche voller reue, versagen, emotionaler verletzungen, verletzungen, narben und vieler anderer dinge, die aus ihrer tasche herausschauen und langsam zu einem teil meiner identität werden. ich atme meinen schmerz ein; wenn ich ausatme, riecht die welt ihn, und sie wissen, dass ich schmerzen habe.

Es gibt zu viele unsichtbare Wunden, die mich in der Nacht aufwecken. eine Tasche, die mit jedem Tag schwerer wird, und ihr Gewicht droht mir, dass der Tag nicht mehr fern ist, an dem ich sie nicht mehr tragen kann, und es spottet über mich, dass ich mit ihr sterben werde.

Ich wünschte, ich könnte einen Partner finden, der mich mitsamt meinem Gepäck akzeptiert und mich in seinem Leben zulässt, wie es ist.

Ich wünschte, ich könnte jemanden finden, der meine Hand hält und diese Tasche sanft von meinen Schultern gleiten lässt, sie auf den Tisch legt, auspackt und alle Dinge nacheinander platziert, während unsere Augen miteinander sprechen, so dass sie mit uns leben können, wie jeder andere Gegenstand im Haus.

Ich wünschte, ich könnte

Du bist immer noch direkt neben mir,
vermisse ich dich in deiner Gegenwart.
ich vermisse dich nicht, weil du nicht bei mir bist,
sondern weil du nicht das bist, was ich von dir erwartet habe.

Ich habe dir nach und nach alles von mir gegeben, und ich dachte,
vielleicht bekomme ich die Liebe, von der ich geträumt habe
meine Seele warnte mich, aber ich kämpfte

ich vermisse es, die Person in dir zu sehen, die ich mochte.
ich vermisse es, die Liebe in dir zu sehen, die ich einst lebte.
Ich wollte eine Liebe, die andauert,
aber ich bekam die Liebe, die dazu bestimmt ist, in der Vergangenheit zu bleiben.

Ich vermisse dich mehr, als ich zugeben möchte.

Ich vergebe dir, dass du mir geholfen hast.
Ich vergebe dir, dass du mein Herz gereinigt hast.

meine vergebung ist das letzte, was ich geben könnte, und dann ist der ganze raum in meinem herzen für dich geschlossen. ich vergebe dir, weil es in meinem herzen keinen raum für hass gibt.

Anstatt zu denken, dass ich dir nicht verzeihen werde, und mein Herz damit schwer zu machen, glaube ich daran, wie ich dir vergeben und mich leeren kann.

Vergebung ist eine Ergänzung zur psychischen Gesundheit

Ich verstehe jetzt, dass die Tiefe einer Beziehung nicht nach der Zeit beurteilt wird, die man braucht, um hineinzukommen, sondern nach der Zeit, die man braucht, um sie zu überwinden.

Menschen, die dich lieben, in dein Leben zu lassen, ist gut.
Menschen, die nicht echt sind, aus deinem Leben loszulassen, ist besser.

Lass Menschen kommen und gehen; das ist ein Teil des Lebens.
Zu wissen, wer in dein Leben kommen kann und wer nicht, ist eine Kunst.

werden Sie nicht zum Hindernis

Sie hassen die Menschen so sehr.
Was wirst du tun, wenn dieser Hass eines Tages anfängt, dich zu hassen?

Was wirst du tun, wenn du dir selbst gegenüberstehst?
wie wirst du dir selbst gegenübertreten, wenn du merkst, dass dein Hass all die Liebe verbrannt hat, die du einst in dir hattest?
und dass du kein Zuhause mehr hast, zu dem du gehen kannst,
keine Schulter, an der du dich ausweinen kannst,
keinen Freund zum Teilen,
keinen Verwandten, der sich kümmert

Hast du jemals darüber nachgedacht, wie du reagieren würdest, wenn der Rauch von dem, was du zerstört hast, dir den Atem raubt?

Du würdest allein dasitzen und Buße tun,
niemanden mehr, der dich um Vergebung bittet,
du sitzt auf dem Aschehäufchen
du sitzt mit dem Ende, das keinen Anfang hat.

dein Hass dich zuerst tötet

das flackernde Kühlschranklicht, wenn die Spannung schwankt,
der tropfende Wasserhahn, ich zähle bis zehn und fange dann wieder an
ich sehe mein Bild auf dem leeren Fernsehbildschirm und mache einen Film mit meiner Vergangenheit.

bei einer tasse kaffee unter diesem dach lächle ich über die bilder und rückblicke auf unser gespräch, die mein geist erzeugt.
Die Zeit kann zu lang sein,
Stille kann zu laut sein,
die Nächte könnten zu gemütlich sein
Tage könnten zu auffällig sein

die Liebe zu dir könnte zu ängstlich sein
dann gebierst du deine Einsamkeit
du sitzt mit ihr und bist stolz.

Stille ist zu laut

ich wusste, dass meinem leben ein sinn fehlt, aber ich habe es nicht zugegeben. vor nicht allzu langer zeit hatte ich das gefühl, dass es allen gut geht und ich der einzige bin, der mit seinem leben nicht zufrieden ist. ich fand heraus, dass es einfacher ist, meine innere stimme zu unterdrücken, als mich der welt zu stellen, und so arbeitete ich weiter an dem, was ich mag und liebe.

ich wollte etwas Sinnvolles zu dieser Welt beitragen, aber meine Arbeit ließ das nicht zu.

Ich wollte wie ein Vogel leben und mutig sein, aber meine Kultur hat es nicht zugelassen.

Ich wollte mich unabhängig und frei fühlen, aber meine Pflichten ließen das nicht zu.

Ich wollte lieben, spielen, schaffen, malen, reisen und entdecken, aber mein Schicksal hat es nicht zugelassen.

ein Leben in der Leere, ohne einen Ort, den man Zuhause nennen kann

Das Aufwachen fühlte sich an wie der Eintritt in die Hölle.
Einen weiteren Tag zu leben war ein weiterer Albtraum.
Es war, als ob ich jeden Tag meinen Tod miterleben würde.
Jeder einzelne Gedanke daran, normal zu werden, traf mich wie eine Gewehrkugel.

ich fühlte mich, als würde ich in einer bodenlosen schwarzen Grube ertrinken. das Wort "Zukunft" scheint in meinem Kopf nicht zu existieren.
Jedes Mal, wenn ich versuche, weiter weg zu sein, habe ich das Gefühl, dass ich am Rande des Abgrunds stehe.

das schlimmste war, dass ich nicht wusste, warum ich mich so fühlte. bei jedem gedanken kamen mir die tränen. worte auf der welt schienen das grausamste zu sein; farben machten keinen sinn, warum gibt es sie überhaupt, geräusche und stimme waren für mich beide gleich. jeder schaut mich besorgt an, doch sie gehen weg, nicht beunruhigt genug, um bei mir vorbeizukommen und etwas zeit zu verbringen. ich wünschte, jemand würde mich fragen, wie es mir geht, und irgendeine Perle eines gesprächs auftun, die milde elektrizität zurück in meine adern zündet.

Vielleicht wollte ich nur, dass jemand anderes die Schwere meiner Gedanken trägt.
vielleicht erwartete ich, dass jemand anderes meine nebligen Gedanken mit einem Schlag beseitigen würde.

Vielleicht wollte ich jemanden, der mir so nahe ist, dass ich immer in seinem Schatten geborgen bin und mich in ihm sicher fühle.
kein hass, nichts zurückzugewinnen,
ich hatte keine Feinde,
vielleicht will ich wieder ich sein.

Depression ist das neue Rauchen

ich kämpfte nicht mit dem starren der welt,
es war dieses Monster in mir, das flüsterte,
nicht unter dem Bett, sondern in meinem Kopf
geh und bring dich um; wen würde es kümmern?
mein Nein lässt ihn für eine Weile schweigen
und dann wird er mein Freund und sagt mir die Lösung,

Dein Leben zu beenden ist das Ende aller Probleme,
Warum mit so einer Seele leben, die so zerbrechlich ist?
Mach schon, tu es,
tu es auf deine Art.

Selbstmordgedanken sprechen mit Ihnen

als ich dachte, ich sähe hübsch aus, wenn ich Stunden
im Friseursalon verbrachte
teure Kleider in einem Einkaufszentrum kaufte
ich in einem teuren Restaurant essen ging,
ich hatte ein paar Freunde,

lächelte unnötigerweise, weinte, um zu protzen,
ich dachte, dass es kein Leben ohne Make-up gibt.
Wenn man vor Problemen davonläuft, werden sie aus
dem Leben getilgt.
Ich dachte, so leben hübsche Mädchen ihr Leben.

wie ich die selbstliebe ignoriert habe

Die Liebe verlässt dich nie; du entscheidest dich, die Liebe zu verlassen.
Die Liebe war da, wo sie war.

Wir hören auf, Liebe zu fühlen, weil sie das, was in uns zerrissen war, genäht hat, und jetzt brauchen wir sie nicht mehr im Leben.

die liebe ist wie ein ozean, er hat immer noch wellen. du bist es, der dort gesessen hat, und jetzt bist du weitergezogen.

und ich lag so falsch

Du gehst weiter, wenn du in den Spiegel schaust und deine Augen nicht abwendest.

Du kommst weiter, wenn du mit dem Friseurteam sprichst und auswählst, wie dein Haar gestylt werden soll.

Du gehst weiter, wenn du mutig genug warst, die Wahrheit auf die Frage "Was ist mit dir passiert?" zu antworten.

Du machst weiter an den Tagen, an denen du deine Freunde ohne Grund anrufst und stundenlang redest.

du ziehst weiter an den Tagen, an denen du gegoogelt hast, wie du deine lange ausstehenden Projekte angehen kannst, anstatt nach Zitaten über Liebe und Schmerz zu suchen.

Du bewegst dich zu den Tagen, an denen du eine Konzertkarte gekauft und dich so angezogen hast, als würdest du zu einem Date mit dir selbst gehen.

du gehst weiter, während du dich selbst weiterlebst.

wie auch immer, Sie machen weiter

als du dein Jetzt akzeptiert hast
als du deine Reise nach innen begonnen hast
als Sie aufgehört haben, das Verhalten anderer für das
verantwortlich zu machen, was Sie heute sind

wenn Sie beginnen, sich auf die Heilung Ihrer Wunden
zu konzentrieren
wenn du die sich verändernde Zeit umarmst und
dennoch deine Ziele verfolgst

**dann hat die Vergangenheit ihre Macht
über dein Leben verloren**

heute, da ich hier sitze und die zerbrochenen Hoffnungen sammle und versuche, sie zu formen, möchte sich mein Herz wieder in dich verlieben, und mein Verstand warnt mich, dass mir wieder das Herz brechen wird.

ich sah, wie meine hoffnung vor meinen augen in millionen stücke zerbrach. selbst wenn ich versuche, eines davon festzuhalten, wird der rest zu erde. ich saß da und sah, wie es in die erde versank, aus der es stammte.

ich erkenne jetzt, wie gefährlich es ist, an falsche hoffnung zu glauben. ich habe mein halbes leben in falscher hoffnung gelebt und komme jetzt damit zurecht. alle sagten, ich sei nicht mit dem richtigen menschen zusammen, aber ich hoffte, dass du eines tages derjenige sein würdest, mit dem ich leben könnte, ohne mich zu erklären. jedes mal hast du meine hoffnung in stücke zerschlagen, und jedes mal habe ich sie zusammengesetzt, um wieder falsch zu hoffen.

Warum habe ich so sehr an die falsche Hoffnung geglaubt?
Warum kannte ich die Wahrheit nicht?

Lag es an meiner Unfähigkeit, oder spielte das Leben ein Spiel mit mir?

wir können nur in dem maße wachsen, in dem wir die wahrheit akzeptieren können, ohne wegzulaufen, und ich bin das hindernis auf meinem weg. stand ich in der form meiner inneren vereinigung?

der tod ist nicht nur ein zertifikat; er geschieht viel mehr, bevor wir aufhören, auf unser inneres selbst zu hören.
Während ich heute eine Wiedergeburt nehme, sehe ich mein bisheriges Leben in Flammen.

ich jagte dem falschen hinterher; ich füllte meinen magen mit lügen. ich schwamm in der falschen beziehung, und ich fühle mich jetzt leer, da ich alles verbrannt habe.

lass mich versuchen, mich selbst eins nach dem anderen aufzulesen, es mit Selbstliebe zu waschen, im Eifer des Gefechts zu trocknen, bevor ich die Teile zusammenklebe, um ich selbst zu werden, und schließlich werde ich Vergebung tragen, bevor ich meine Arme für die Welt öffne.

ich glaube, nicht das Verlieben erfordert ein mutiges Herz, sondern das Erholen von einem Herzschmerz, der einen zögern lässt, sich zu verlieben. ja, richtig!

Ich lerne diese Beziehung zu mir selbst Schritt für Schritt kennen und versuche, sie zu verbessern.

ich bringe mir selbst bei, dass ich in der Vergangenheit "durchgefallen" bin und "unerfüllte erwartungen" hatte. ich erwarte einen lichtstrahl in der dunkelheit vor meinen augen, der mir die hand hält und mich weiterbringt
von hier aus.

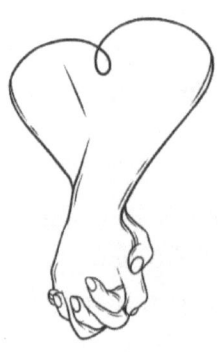

Das neue Ich wird nicht mehr anderen Meinungen hinterherlaufen oder irgendetwas, das mich davon abhält, mich gültig zu fühlen. Ich brauche nicht mehr die Unterstützung und Beteiligung anderer, um mein Leben zu leben.

Selbst-Verwirklichung

"Warum wirfst du nicht diese Erinnerungen weg, die dein Leben mit jedem Tag schwerer machen, so wie du die gelben Blätter von mir pflückst und wegwirfst?", fragte mich die Pflanze auf meinem Balkon.
Ich sagte: *"Ich wünschte, ich hätte auch so eine fürsorgliche Hand wie du."*

Hilfe suchen

mit dem ich über mein Glühen sprechen kann,
meinen Menstruationsfluss,
warum das Leben langsam ist
und wie sehr ich werfen wollte.

wie ich meine Träume verfolge,
und wie verzweifelt ich der Welt zeigen will.
dass ich von bestimmten Dingen genervt bin
mein Ja ist wichtig, und noch wichtiger ist das Nein.

Es muss so jemanden im Leben geben

die Sonne geht nicht immer zur gleichen Zeit auf und unter,
der Fluss fließt nicht immer in dieselbe Richtung,
der Wind glaubt nicht an die Vollkommenheit,
der Boden kümmert sich nicht um seine Erosion

Wie kannst du dich nicht verändern, wenn du aus den Elementen gemacht bist, die sich ständig verändern?

Du bist in der Veränderung; du bist die Veränderung,

Sie sind immer im Werden

28-40

ich habe meine unvollkommenheiten, das ist ein teil von mir, meinem leben, und ich möchte, dass du mich dafür liebst. ich möchte nicht nur die guten dinge über mich hören, ich möchte ehrliche dinge über mich hören.

nenn mich nicht schön; sag mir, dass meine nase groß und meine lippen klein sind, und sag mir dann, dass du mich dafür liebst.

bitte gib mir keine falsche Motivation; sag mir meine Unzulänglichkeiten.

Sage mir etwas, was ich nicht kann, und liebe mich dafür.
liebe meine unvollkommenheiten so sehr, wie du mich liebst.

ich bin nicht vollständig ohne meine unvollkommenheiten

Ich liebe alle Farben, nicht nur rosa.
ich liebe Hunde mehr als alle anderen Tiere (viel mehr als Menschen)

ich liebe Bücher mehr als Netflix.
ich liebe Kaffee mehr als Schokolade.
ich liebe Lieder mehr als Filme.

ich liebe es zu sehen, wie man tippt...tippt...mehr als den Chat selbst
ich liebe es zu sagen 'ich werde dich töten', weil es eine Art 'ich liebe dich' Liebe bedeutet.

ich liebe es, "diese bösen Dinge" mit dir zu teilen, die ich früher über dich gedacht habe, und jetzt mit dir zu lachen, indem ich dieselben Dinge erzähle.

Ich liebe es, die Unterschiede zu feiern und nicht nur die Gemeinsamkeiten, das nenne ich Liebe.

mention not

meine Art von Liebe

treue Freunde
Vertrauen in die eigene Person
die Fähigkeit, zwischen dem, was schön ist, und dem,
was richtig ist, zu unterscheiden
Mut zum Glücklichsein
Freiheit, der eigenen Seele zu folgen

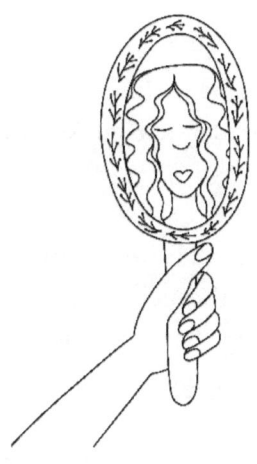

Dinge, die einem nur das Altern geben kann

In den ersten Jahren war meine Schönheit im Steigen begriffen, jetzt steige ich in meiner Schönheit auf. ich war auf eine Weise schön, die ich nicht akzeptierte.

Was ich einst Krähenfüße nannte und nach der billigsten Klinik suchte, um sie behandeln zu lassen, erscheint mir jetzt wie meine Erinnerungen an das Lachen, bis die Tränen flossen.

Was ich früher als Zornesfalten bezeichnete, ist jetzt die Kurve der Verwirrung, mit der ich zu kämpfen hatte.

Was ich früher als Hass auf graue Haare empfunden habe und ich nicht auf Friseurbesuche verzichten wollte, um sie zu verstecken, erscheint mir jetzt als Weisheit, die ich im Laufe der Jahre gewonnen habe.

Was ich früher Dehnungsstreifen nannte und jede Lotion und jeden Trank auf dem Markt ausprobierte, macht mich jetzt glücklich darüber, wie schön und magisch diese neun Monate waren.

was ich früher Körperfett nannte und mich mit verschiedenen Maschinen messen ließ, um zu beweisen, dass die Waagen ungenau sind und ich überhaupt nicht fett war, scheint mich jetzt an gute Zeiten zu erinnern, als ich bis Mitternacht aß.

Was ich früher verbarg: Narben, die mir jetzt stark erscheinen.

was mir früher angst machte, macht mich jetzt stolz auf das altern.

jeder kann einen guten salon finden, aber nicht jeder kann ein gutes leben finden.

die Bedeutung der Schönheit ändert sich mit der Zeit

Frauen wollen dumme Probleme wie kalte Füße, zu viel Sonne, Staus, mehr Salz im Essen und lästige Gemüsehändler auf der Straße mit dir teilen, und sie wollen, dass du die tieferen Probleme verstehst, z. B. wenn sie verärgert sind, ihre Kämpfe im Leben, den Hass, den sie für sich selbst geschaffen haben, die dunklen Momente und die quälenden Erinnerungen, die sie umhüllt haben.

das gesicht einer frau ist voller grinsen, die augen strahlen, wenn ihre kinder gut lernen, wenn ihr mann befördert wird, wenn alle das von ihr zubereitete essen mögen; ihr gesicht ist emotionslos, wenn sie einen kampf mit ihren gedanken führt und sich auf klausuren vorbereitet.

Wir wissen, wie man sich mit Falten wohlfühlt.
wir wissen, wie man den Schnitt des Messers und den Schnitt des Lebens heilen kann
wir wissen, wie man ohne Wecker aufwacht,
wie man Essen abmessen und kochen kann, das jeder isst und nichts verschwendet wird,

wir wissen, wie wir unsere Gefühle nähen können,
wir bekommen nie eine Jacke auf der kalten Straße,
aber wir wissen, was wir wählen müssen, wenn wir eine Stunde für uns haben, um uns in einem Spa zu entspannen oder den Ofen für eine Geburtstagsfeier zu reparieren.

wir, die Frau, unser Leben ist nicht einfach zu leben, nicht einfach zu lieben.

wir die Frau

die Form deines Roti,
die Wahl deiner Worte,
die Sauberkeit deines Zuhauses,

die Größe deiner Taille,
die Höhe deiner Träume,
Narben und Falten an deinem Körper,

Zeugnis deines Charakters,
Urlaube, die Sie gemacht haben,
Ihr Kontostand,

die Bücher, die Sie gelesen haben,
die Art und Weise, wie du zu leben pflegst
Geschichten, die dein Lächeln verbirgt,
deine Pläne, in deinem Dutt, den du gebunden hast.

macht dich nicht weniger zu einer Frau

als ich sagte,

'Ich will nicht heiraten,

'Ich will das Haus, in dem ich aufgewachsen bin, nicht verlassen,

habe ich es von ganzem Herzen gemeint; und du dachtest, ich mache Witze, so wie deine Mutter dachte, du machst Witze mit ihr.

Ich habe es ernst gemeint, Mom!

meine Mutter gab mir ihre Angst und ihre Tränen
mein Vater gab mir seine Ignoranz und Haltung.
meine Großmutter gab mir ihre Verwirrung und Spannung.
mein Großvater schenkte mir seinen Glauben und seine Versprechen.

meine Freunde schenkten mir ihre Witze und ein für immer versprochenes Wiedersehen.
meine Verwandten schenkten mir ein Regelwerk, wie man eine gute Hausfrau ist.
meine Nachbarn schenkten mir ihre Erwartung, mein Kind im nächsten Jahr zu sehen.

Geschenke, die ich bei meiner Hochzeit erhalten habe

ein Berufstätiger kann sich nicht ständig um Haus und Kinder kümmern
eine Hausfrau kann nicht ins Büro gehen und nicht für ihre Familie verdienen
eine tapfere Frau wird unabhängig handeln.
eine bescheidene Frau wird Dinge im Stillen tun

eine starke Frau wird leicht vorankommen
eine emotionale Frau wird häufig weinen
eine Sportlerin wird den Boden mehr lieben als die Küche
eine Wissenschaftlerin wird nicht über ihre Mission hinausblicken

wir alle sind an verschiedenen Orten wunderbar platziert.
'Ich kann alles' ist ein falsches Konzept
Wirf den Perfektionismus ab
und tu, was dir gefällt, tu alles.

wir alle arbeiten, aber nicht die ganze Arbeit

die Frau, die sich ihre Fehlgeburt immer noch nicht verzeihen kann und sich ihr Baby immer noch in all den anderen Babys vorstellt, die sie sieht.

die Frau, die niedergeschlagen dreinschaut, wenn ihre Freundin sie bittet, sie an der Entbindungsklinik abzusetzen, da sie es fünf Jahre lang erfolglos versucht hat.

die Frau, die zu jeder Babyparty geht und sich in ihren Gedanken anstelle der werdenden Mutter vorstellt.

die Frau, die jeden Tag mit einem Busch von urteilenden Augen konfrontiert wird.

für die Frau, die bei ihrer nächsten Periode unter der Dusche leise weint und sich auf einen weiteren Monat kinderlosen Lebens vorbereitet.

für die Frau, die die Fähigkeit entwickelt hat, das Gerücht über ihre Weiblichkeit zu überhören.

die Frau, die sich daran erinnert, wie sie ihre Tochter erziehen soll, damit sich die Geschichte nicht wiederholt.

ich bin du; ich bin bei dir. ich fühle den unsagbaren schmerz in deinen augen, der erklärt wird.

Sie sind nicht allein

Mutterschaft ist kein Hindernis,
es ist glückselig.
Ihre Kinder sind keine Last,
sie sind Hoffnung.

Ihre schlaflosen Nächte und wortlosen Kämpfe haben
Sie ein wenig verändert,
Sie denken oft, dass die Mutterschaft Sie zurückhält
Sie haben oft das Gefühl, dass Sie Ihre Grenzen
aufgegeben haben.

du spürst, dass es schwer ist, aber bei der Mutterschaft
geht es darum, ein Leben aufzuziehen, eine Seele zu
nähren und das Leben zu lernen; es muss nicht stressig
und nachtragend sein. deine Kinder aufzuziehen ist
keine Aufgabe, die du erledigen sollst; es ist eine Reise,
die du leben, lieben, lernen und genießen sollst.

Eure Kinder sind hier, um euch zur Wahrheit zu führen, zu eurem natürlichen Zustand des Seins, zu eurem Zustand der Liebe und Fürsorge, zu dem Grund, warum ihr auf diesem Planeten existiert.

Ihr müsst nicht die ganze Welt absuchen, um euer Zuhause zu finden. Eure Kinder werden euch an der Hand nehmen und euch zu den Wurzeln führen, die ihr in euch tragt.

Die Mutterschaft geht über das hinaus, was die Gesellschaft uns gezeigt hat

mama, ich habe nie verstanden, warum du immer die letzte warst, die sich fertig gemacht hat, bis ich mutter wurde, ich habe jetzt begriffen, dass du allen ihre passenden kleider, verlorenen socken und versteckten schuhe geben musstest, die nur du finden konntest.

Mama, ich habe nie verstanden, warum du dich über dumme Dinge geärgert hast, bis ich Mutter wurde, wie du uns immer angeschrien hast, wenn wir den Wasserhahn offen gelassen haben, Essen verschwendet haben, auf dem gewichsten Boden gelaufen sind und spät aufgestanden sind, ich merke jetzt, wie es dich erschöpft hat, diese Dinge zu tun.

mama, ich habe nie verstanden, warum du uns mit geistergeschichten erschreckt hast, wenn wir nachmittags nicht schliefen, bis ich mutter wurde. jetzt weiß ich, wie viele aufgaben du erledigt hast, wenn wir schliefen.

mama, ich habe nie verstanden, warum du uns gezwungen hast, zu essen, bevor wir aus dem Haus gingen, und eine Wasserflasche zu tragen, bis ich Mutter wurde. jetzt weiß ich, wie schlimm es ist, auch nur an ein hungriges Kind zu denken.

Jetzt verstehe ich dich, Mama

Wenn das Make-up deine Angst verbergen kann
heißt das noch lange nicht, dass du glücklich bist,

wenn Wasser deine Tränen abwaschen kann
heißt das nicht, dass du nicht geweint hast

wenn du geweint hast und Hilfe gebraucht hast
bedeutet das nicht, dass du nicht stark bist

wenn die Welt deinen Kampf nicht anerkennt,
heißt das nicht, dass du ein rosiges Leben geführt hast.

Sie werden Ihnen sagen, was Sie essen sollten, welche Nahrungsergänzungsmittel Sie einnehmen sollten, in welchem Geschäft es die sicherste Babykleidung gibt, welches Krankenhaus das beste Angebot hat und wer die beste Pränatal-Yoga-Lehrerin der Stadt ist.

Alle warten nur darauf, Sie mit ihren Erfahrungen zu überschütten, sobald sie hören, dass Sie schwanger sind.

Einige werden Ihnen Angst machen,
andere werden Sie beraten,
manche lehren dich Wissenschaft,
einige werden dich eines Besseren belehren

aber niemand wird dir sagen, wie du deinen Kaffee trinkst, bevor er kalt ist, wie du genug schläfst, bevor du Augenringe bekommst, und wie du kochst und isst, während du dein Baby hältst.

Niemand wird Ihnen sagen, wie Sie sich nach so vielen Erwartungen, Träumen, Aufgaben und Menschen, die Sie bewältigen müssen, wieder aufrichten können. Es ist normal, sich als frischgebackene Mutter aufgeregt und verwirrt zu fühlen.

Hören wir auf zu erzählen und fangen wir an, mehr zu hören!

sich über die Normen erheben,
aus der Küche kommen,
aus einer toxischen Beziehung herauskommen,

raus aus dem geistigen Gefängnis,
komm aus deiner Villa heraus,
schenken Sie sich selbst die Aufmerksamkeit, die Sie
immer von anderen erwarten

und sehen Sie, wie sich Ihr Leben verändert.
Feiern Sie, dass Sie Sie sind.

Aufstieg & Führung

Du bist zu niemandem nach Hause gekommen.
du weintest

aber als er am nächsten Tag fragte, "was passiert ist,
lächeltest du,

du hast die Szene, in der du deinen Schmerz mit ihm geteilt hast, in eine Fantasie verwandelt und in ein weiteres Geheimnis, das du bewahrt hast.

Manchmal ist es beruhigender, den Grund für seine Traurigkeit nicht mitzuteilen, als ihn zu teilen

nur weil du zu ihr "Ich liebe dich" gesagt hast,
nur weil 'sie ja' dazu gesagt hat,
nur weil 'du mit ihr verheiratet bist,
nur weil 'sie mit dir lebt,
nur weil sie Ihre Kinder zur Welt gebracht hat,

das bedeutet nicht, dass du ein ewiges Recht auf eine sexuelle Beziehung mit ihr hast. du musst immer noch ihre Zeit, ihre Wahl und ihre Entscheidung in dieser Angelegenheit respektieren.
jeden Tag und jedes Mal.

sich den Tatsachen stellen, die Sie nicht überprüft haben

Unsere Gefühle werden am besten von denen verstanden, die nicht mit uns leben.

Nachdem die Beziehung zerbrochen ist, beginnt der Verstand Vorschläge zu machen, wie sie hätte überleben können.

Die meiste Wut kommt bei den Menschen auf, die uns wirklich akzeptieren, und wir werden nie wütend auf diejenigen, von denen wir wissen, dass sie nicht gut von uns denken.

Die meisten Beziehungen zerbrechen nicht an Missverständnissen, sondern an einem Verständnis, das nie bestand.

Die meisten Ehen werden überlebt, weil das Ego gepflegt wird, nicht die Liebe.

Ironien des Lebens

Ich habe dich wie ein schelmisches Kind im Haus behandelt und dich immer gescholten, weil du mir immer wieder vor die Nase gelaufen bist.

Ich habe dir immer gedroht, wenn du es wagen solltest, etwas von mir zu verlangen.

Aus Wut habe ich dir nicht genug Zeit gelassen.
später wurde mir klar, dass ich es war, der angst hatte, nicht du. denn ich weiß, dass ich dir nicht in deiner Gesamtheit gegenübertreten kann.

meine Träume

mein herz sehnt sich immer nach neuen erfahrungen. ich werde unruhig, wenn ich nichts Neues zu tun finde.

ich möchte alle abenteuer hier draußen in der welt erleben, mich daran satt sehen und dann ein neues suchen.

ich fühle mich lebendig, wenn ich mein herz in neue dinge eintauche, es durchtränke und es zum trocknen herausnehme, um es von neuem zu beginnen.

Sehnsucht

ich war so sehr daran gewöhnt, mit dem Wunsch nach Dingen zu leben, die ich in meinem Leben sehen wollte, dass ich, als ich es bekam, anfing, das Leben zu vermissen, als ich lebte, mich danach zu sehnen, anstatt es zu genießen.

Ich habe so viel Zeit damit verbracht, um das Leben zu kämpfen, dass ich nicht weiß, was ich tun soll, wenn ich in Frieden bin.

warten verändert dich

Spiele, weil du das Spiel magst, nicht weil du jemanden besiegen willst.

Sei ehrlich zu anderen, weil du dich dann in Frieden fühlst, und nicht, weil du erwartest, dass andere ehrlich zu dir sind.

liebe, weil du Liebe im Überfluss hast, und nicht, weil du Liebe erwartest.

treibe Sport, weil du deinen Körper liebst, und nicht, weil du ihn hasst.

sei glücklich, weil du dein Leben so leben willst und nicht, weil andere dich glücklich sehen wollen.

lass das Feuer, das dich im Leben voranbringt, aus deinem Inneren kommen, nicht aus der Reaktion, die auf Geheiß von jemandem geschieht. wachse, indem du das tust, was deinen Lebenszweck erfüllt, nicht indem du das tust, was andere dir einst verboten haben.

Es liegt in deiner Verantwortung, deine Seele zu einem heiteren und ruhigen Ort zu machen, mach sie nicht schmutzig, indem du sie mit Eifersucht und Ärger bespritzt.

fehlender Frieden in dir = fehlendes Stück von dir

jemandem eine Liste von Dingen vorschlagen, ohne seine Probleme zu verstehen.

zu sagen, "wie man leben soll", ohne sein Leben zu leben.
zu sagen: "Du wirst es schon schaffen", ohne zu wissen, was sie brauchen, um sich gut zu fühlen.

das Leben eines anderen zu kommentieren, "er hat es nur durch Glück geschafft", ohne zu wissen, wie schwer es ist, dieses Ziel zu erreichen.

es ist leicht, ein Wohltäter zu werden, schwer, ein Vorbild zu werden

ich kann nicht jeden mögen, und nicht jeder kann mich mögen. ich kann es wirklich nicht allen Menschen immer recht machen.

mein körper alterte seit meiner geburt, und gegen diesen natürlichen prozess anzukämpfen war nur zeitverschwendung.

ich zeigte all die guten dinge, die ich im leben getan und erreicht hatte, aber alle augen fanden mängel an mir.

ich ignorierte die gesundheit, als ich gesund war, und schätzte sie, als ich nicht gesund war.

an dem tag, an dem ich erkannte, dass ich den größten teil meines lebens damit verbrachte, falschen zielen hinterherzujagen und vor meinem inneren wegzulaufen, begann ich an diesem tag mein leben zu leben.

akzeptiere immer deine situation; ich muss der erste sein, der das zugibt; die welt wird sowieso dagegen angehen.

Die Zeit der Dinge hat mich gelehrt

ich bin nicht 100%ig ich. ich bin nicht das wahre ich in jedermanns Kopf. für manche bin ich eine hübsche Blume, für manche die hässlichste Katastrophe.

mein inneres selbst ist ein schatten derer, die mir im laufe der jahre begegnet sind.

Manche Menschen hinterlassen ihre Spuren und verändern mich.
Manche Menschen nehmen mir ein Stück meiner Unschuld und verändern mich.

Am Ende bin ich nicht das, was ich bin.

Kannst du zu 100 % du selbst sein?

mein Streben nach Perfektion hat mich enttäuscht. es war so schwer für mich zu akzeptieren, dass niemand perfekt ist; die Menschen können nicht so leben, wie ich es gerne hätte.

Die Menschen werden nicht alle in der gleichen Umgebung geboren; ihre Vergangenheit und Gegenwart sind unterschiedlich. Was sie für richtig und falsch halten, wie das Leben sein sollte und was Liebe ist, ist etwas völlig anderes als meine Ansichten und mein Verständnis.
wir alle können die gleiche Sache aus einer anderen Perspektive sehen.

Können wir Menschen jemals jemanden von ganzem Herzen mögen, unabhängig davon, aus welchem Blickwinkel wir ihn wahrnehmen?

Ist es fair, jemanden auf der Grundlage seiner Wahrnehmung zu behandeln?

Ist es in Ordnung, nett zu ihm zu sein und ihn in dem Moment aufzugeben, in dem wir seine Perspektive kennen lernen?

Was ist letztendlich wichtiger: die Menschen oder die Wahrnehmung?

Wahrnehmung durchdringt jede Seele

wenn ich im Leben von jemandem einen Unterschied gemacht habe,
wenn mein kleiner Akt der Hilfe jemanden dabei unterstützt hat, seine Träume zu verwirklichen,

wenn mein seltsamer Ratschlag die Augen von jemandem zum Leuchten brachte
wenn mein Schweigen antwortete und die Worte schwiegen, weil ich die Beziehung der Situation vorzog

wenn ich mit Fremden gut auskam, ohne etwas anderes als mich selbst zu kennen
wenn ich es vorzog, lieber von der Wahrheit enttäuscht zu werden, als mich mit einer Lüge zufrieden zu geben.

ich würde mein Leben für diese Momente leben

wenn du ein Sklave deiner Gewohnheiten bist
wenn dein Herz mit Egoismus gefüllt ist

wenn du Wut in deinen Adern fließen hast
wenn du niemandem zuhören magst

wenn du die Fehler der anderen aufzeigen musst, um deine eigenen zu verbergen,
wie kann dann Vergebung in deinem Herzen aufblühen?

Sind Sie überhaupt berechtigt, jemandem zu vergeben?

Eines Tages werde ich die Mauern der Angst niederreißen.
Eines Tages werde ich mich nicht mehr für mein Aussehen interessieren.

werde ich meine guten und schlechten Stärken, Schwächen, Vernunft und Logik zugeben.

Eines Tages werde ich mich nicht mehr um die Meinung anderer über mich kümmern.
Dann werde ich mich mutig nennen.

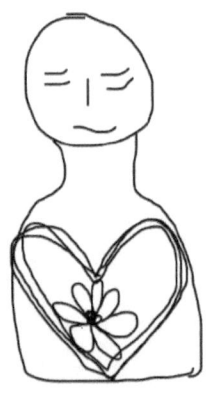

Tapferkeit beginnt mit Ehrlichkeit

wenn jemand so freundlich zu Ihnen ist, dass Sie das Gefühl haben, gefangen zu sein

wenn jemand so gemein ist, dass Sie das Gefühl haben, Sie seien unzulänglich

wenn die Handlung einer Person Ihre eigene Überzeugung über sich selbst erschüttert, dann halten Sie inne

verwechseln Sie Ihre Macht nicht mit der Fähigkeit des anderen, Ihre Gedanken zu kontrollieren.

Lassen Sie nicht zu, dass Selbstzweifel Ihre inneren Stimmen kontrollieren.
Denken Sie daran, dass Sie in einer dunklen Nacht in den Himmel starren und eine Illusion von Sternen sehen können, weil Sie die Sterne sehen wollen, aber das bedeutet nicht, dass die Nacht sternenklar ist.

im Zweifelsfall nicht viel fühlen

Es ist gut, anderen zuzuhören und die dunklen Momente mit ihnen zu teilen, aber seien Sie vorsichtig mit Menschen, die Sie nur als Kummerkasten sehen und Ihre Zeit nur dazu nutzen, ihren Schmerz zu verarbeiten.

Werden Sie nicht zu einem bloßen Kummerkasten für sie.

Ihr Herz ist kein Hotel

wohltätigkeit bedeutet nicht nur, sein geld zu spenden. es bedeutet nicht, ein paar einzahlungen online zu tätigen und sich darüber zu freuen. es geht nicht darum, dem bettler, der an der ampel steht, ein paar Dollar zu geben. heutzutage ist es keine große sache, das geld zu bekommen, wenn man es braucht; eine unterstützende stimme zu finden, schon.

Wenn Sie jemandem helfen wollen, schauen Sie sich um. nicht immer sind es Menschen, die von Armut betroffen sind, die bedürftig sind. wir alle sind in dem einen oder anderen Bereich des Lebens bedürftig. wir alle brauchen Hilfe und Unterstützung, um in unserem Leben zu wachsen.

wenn du eine wohltätige sache tun oder jemandem helfen willst, rufe einen freund, einen kollegen oder ein familienmitglied in einer schwierigen zeit an und sei für sie da. deine zeit wird ihnen viel mehr bedeuten als das geld. diese stimme, diese person, diese umarmung, diese Fürsorge ist das wichtigste im leben, wenn du alle hoffnung verloren hast.

Wohltätigkeit hat viele Gesichter

Lassen Sie los, was Ihnen ein schlechtes Gewissen bereitet.
Lass die Menschen los, die sich über deinen Erfolg wundern, anstatt sich darüber zu freuen; sie sind nicht für dich gemacht, um in deinem Leben zu sein.

Lassen Sie die Beziehungen los, die nicht respektvoll sind.
Lass die Orte los, an denen du nicht mühelos lächeln kannst.

manchmal gibst du vor, dass es dir gut geht, obwohl du es nicht bist. dein verstand erschafft herausforderungen, wo es keine gibt. du bist vielleicht in so viel negativität gefangen, dass du zur geisel deiner gedanken wirst.

Manchmal wollen wir das Höchste und Beste in anderen sehen, aber manchmal hindern uns unsere Illusionen daran, unsere innere Berufung zu erkennen.

Lassen Sie diese einschränkenden Glaubenssätze los und gehen Sie weiter.

Zunächst mag es unmöglich erscheinen, diese Falle zu durchbrechen, aber wenn du Giftstoffe aus deinem Leben loslässt und lernst, ihnen gegenüber Grenzen zu ziehen, bringst du neue Energie hinein, die nicht mehr defensiv, wütend oder auslaugend ist.

Lassen Sie alte Konzepte und frühere Erfahrungen los, die einst definierten, wozu Sie fähig sind, damit Sie in eine größere, reichhaltigere Version von sich selbst treten können.

glauben Sie an Ihre Kraft, wenn Sie mit einer Krise konfrontiert werden; oft können wir auf diese besondere Kraft zugreifen, von der wir nicht wissen, dass wir sie besitzen, bis wir sie tatsächlich brauchen.

in jedem Abschied steckt etwas Gutes

ich starre nicht immer auf die sterne und frage;
manchmal lächle ich sie an.
lächle über die vielen Abschiede, die sich einmal
schwer anfühlten und später mein Herz leicht
machten.

es war einmal das mädchen, das von manchen dingen
zu viel und von manchen dingen zu wenig hatte; ich
lächelte darüber, wie ich früher dumme gedanken hatte
und sie auch glaubte.

wie ich aus einem Maulwurf einen Berg gemacht habe
und einen echten Verrat einfach losgelassen habe.

die Freude, das Weinen,
die Ängste, die Tränen,
das Faule, das Leichte,
das Bittere, das Käsige
Ich spreche all das zu den Sternen und lächle sie an.

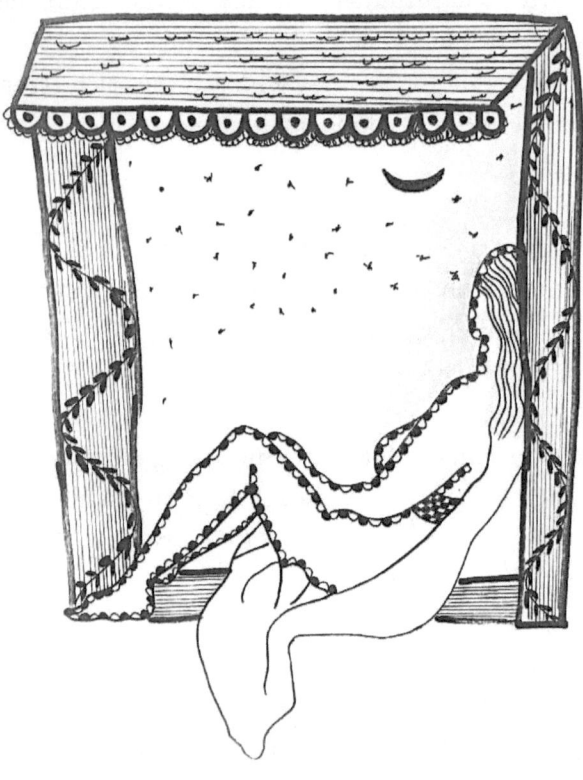

Für mich ist das Lächeln mit den Sternen eine Therapie.

ich würde einen unerfüllten Traum, einen unausgesprochenen Wunsch, eine unvollendete Aufgabe zurücklassen, wenn ich sterbe.

meine Seele würde aus dem Universum schauen, um zu wissen, wer mich gut verstanden hat, wer an meinen unvollendeten Aufgaben arbeitet, wer mich in seinen Werken und seinem Lächeln am Leben erhält.

damit ich weiß, wer mir am nächsten stand

Sie nehmen schnell an, dass Sie es nicht wert sind, wenn Sie nicht bekommen, was Sie wollen.

Sie machen sich selbst schnell schlecht, weil Sie Ihre Ziele nicht erreichen können.

manchmal beherrscht dein Herz deine Gefühle; manchmal wird es von deinem Verstand geleitet.
manchmal hilfst du anderen auf ihrem Weg; manchmal machen dich deine Pflichten blind.
manchmal schrumpft dein inneres Selbst bis zur Kleinheit; du lebst in Verleugnung
manchmal investierst du jahrelang Zeit und Geld in den nicht enden wollenden Prozess

Wenn Misserfolge anklopfen, neigt man dazu, zu vergessen, dass es eine Macht über uns allen gibt, die höher und weiser ist als wir, die uns an manchen Tagen bereitwillig niedergeschlagen fühlen lässt, damit wir die Kraft in uns erkennen und uns wieder aufrappeln.

An manchen Tagen existieren wir einfach nur

Um jemanden zu verstehen, müssen Sie nicht unbedingt seine Worte übersetzen.
Du kannst sie verstehen durch,
den winzigen Knacks in ihrer Stimme,
die Pause, die sie zwischendurch machen,
diese langen Atemzüge,
diese Augenbewegungen,
diese Träne, die verschluckt wurde,

das Lächeln, das heimlich auftaucht, etwas erzählt und wieder verschwindet.
dieses Erröten, das in keiner Kosmetik zu finden ist.
das Schweigen, das viel sagte,
die worte bedeuteten nichts.
man muss diese mehr verstehen, um die Person zu verstehen.

diese Person nicht nur kennen, sondern auch verstehen

Die beste Version von mir selbst ist nicht jemand, der besser erzogen, reifer und auf dem Laufenden ist und die Glückszahl beibehält.

Es bedeutet, dass ich meine Träume mit Leidenschaft und Positivität verfolge. Es bedeutet, dass ich alles, was ich aus meinen Misserfolgen gelernt habe, nutze, um in meinem Leben voranzukommen.

Ich wünschte, ich würde in einer Welt leben, in der diese Dinge normal sind.

Du zu sein ist wichtiger als der Beste zu sein

man kann nicht mit einem millionenschweren diamanten in der hand aus einem mercedes steigen und ein glas wein in der hand halten und sagen: "hey, komm vorbei, ich werde deine wunden heilen".

Der Mensch, der andere heilen kann, muss zuerst sich selbst heilen; er muss zuerst eine harte Zeit durchstehen, sie ertragen und eine bessere Version seiner selbst werden.

heilkraft ist keine magie; sie ist die absicht und die hingabe zu menschen, die unter dem leiden, was du selbst geheilt hast, und wie du sie leiten kannst. heilkraft entsteht aus den stücken, in die du einst zerbrochen warst, und du nimmst jedes unzen deines willens und mutes zusammen, um sie zu einem besseren du zu machen. der prozess, besser zu werden, gibt dir heilkraft.

Heiler geben dir nichts; sie haben dir nichts zu bieten außer ihrer Zeit. Sie nehmen dir dein Schild weg, das dich daran hinderte, du selbst zu sein.

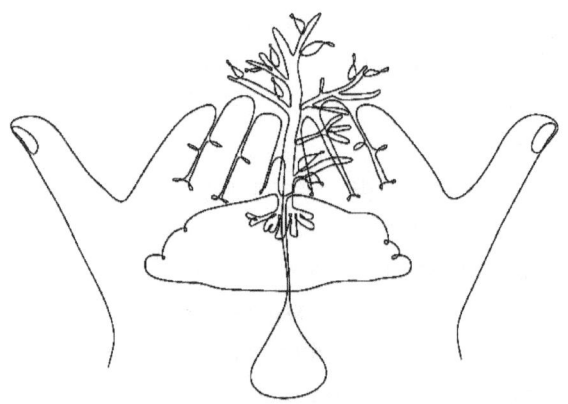

Es ist völlig in Ordnung, wenn Ihre emotionale Verletzung Zeit braucht, um zu heilen, manchmal kann es ein Jahr, einen Monat oder ein ganzes Leben dauern, und das ist völlig in Ordnung.

Narben sind nie sauber, versuchen Sie nicht, Ihre Unvollkommenheiten zu verbergen, wenn Sie nicht bereit sind.

Heilung ist nicht Vergessen.
Heilung bedeutet nicht, sich zu verstecken.
Heilung ist kein Vermeiden.
Heilung keimt in winzigen Details.

Trage deinen Lieblingslippenstift auf, ziehe das Kleid an, das du eigentlich aus dem Schrank holen wolltest, und mache
Selfies machen, es für sich behalten, es muss nicht der Welt erzählt werden, spätabends mit dem Auto fahren und den Wind an die Brust drücken, oder mit Freunden weiterfahren und in die strahlende Sonne lächeln, mit einem Fremden im Restaurant reden, dem Bettler in der U-Bahn etwas geben, zusammen mit deinem Lächeln.

Sie brauchen Sie mehr als Sie sie brauchen

wir denken immer viel über unsere beziehungen nach: wie soll ich sie nennen? wie soll ich sie beginnen? was würden andere Leute darüber denken? wie werde ich meine beziehung führen? eine wichtige sache, die wir vergessen, ist die verbindung, das band.

bei so vielen weltlichen fragen achten wir nicht auf die art der verbindung, die wir mit unserem partner teilen, auf die stärke der verbindung. die verbindung ist die grundlage jeder beziehung. anstatt uns den kopf zu zerbrechen und zu versuchen, die beziehung zu benennen, müssen wir uns darauf konzentrieren, wie stark wir verbunden sind.

Achten Sie auf die Verbindung, dann brauchen Sie nichts zu tun, um Ihre Beziehung zu erhalten.

Es gibt nicht nur eine Sache, sondern die ganze Beziehung muss gepflegt werden. Kümmere dich einfach um die Verbindung, und die Beziehung wird gedeihen.

Enjoy   Fab   High five

LOL   Have fun   Yum!

Happy   Laugh   Hustle

Sie müssen nicht gemeinsam sterben.
Sie müssen nicht das Glück auf den Teller Ihres Partners bringen.

ihr müsst nicht die Probleme des anderen lösen.
Sie brauchen nicht nach einem perfekten Partner oder einer perfekten Beziehung zu suchen; das gibt es nicht.

Sie müssen diese unbestreitbare Verbindung spüren, die Ihr inneres Wachstum nährt und unterstützt.
Sie müssen darüber nachdenken, wie Sie das Glück des anderen besser unterstützen können.

Sie müssen gemeinsam wachsen und sich weiterentwickeln.

sich nicht zu sehr binden, sondern sich tief verbinden

Die Welt braucht heute kein Geld, keine Technologie und keine Kommunikation; davon haben wir schon genug. Die Welt braucht Liebe, Qualität und Mitgefühl.

Die Welt braucht nicht Millionen von Augen, die ein Video über Hunger und Armut sehen.

Die Welt braucht Menschen, die Mitgefühl in ihren Augen haben.
Wir müssen nicht Milliarden für das Gesundheitswesen ausgeben; wir müssen tiefer gehen und uns wieder mit unseren Wurzeln verbinden.

wir werden krank und haben zahlreiche gesundheitsprobleme, nicht weil es uns an immunität mangelt, sondern weil wir nie geglaubt haben, dass wir sie haben.

Veränderung, auch wenn sie noch so klein ist

den pausenknopf zu drücken ist so wichtig im leben, um zu erkennen, zu reflektieren und weiterzugehen. nimm dir zeit, dich zurückzuziehen und zu beobachten. verlangsamung ist notwendig, um den prozess zu beschleunigen. einen schritt zurückzutreten, um innezuhalten und zu reflektieren ist teil des prozesses; es ist teil des wachstumszyklus. sogar bäume und blumen gehen aus einem bestimmten grund in den schlaf.

Lassen Sie nicht zu, dass Ihre "Aufgabenliste" Ihren Seelenfrieden kontrolliert; wenn das passiert, ist es an der Zeit, innezuhalten und nachzudenken. Es erfordert ein gewisses Maß an geistiger und spiritueller Reife, um zu erkennen, wann der richtige Zeitpunkt für einen Schritt zurück ist.

Halten Sie inne und graben Sie tief in Ihrem Geist und finden Sie neue Wege, sich der Realität zu nähern.

drücken Sie die Pausentaste

Sie wissen, wann und wo Sie Ihre Einstellung anpassen müssen. Wenn Sie an der Schwelle zu einer Veränderung stehen und wissen, dass sie eintreten wird, müssen Sie nur Ihre Einstellung zwischen einem bequemen Leben und der Akzeptanz dieser aufregenden Veränderung anpassen.

Ob Sie es wollen oder nicht, Ihr Leben wirft Sie vor Veränderungen, die Sie nicht mögen, und Ihr Wachstum hängt davon ab, wie gut Sie den Unterschied begrüßen und wie Sie Ihre Einstellung auf die Veränderung abstimmen.

es wird eine zeit geben, in der du am rande einer bedeutsamen veränderung stehst, dich aber nicht traust, einen schritt vorwärts zu machen. auf der einen seite hast du deine komfortzone und auf der anderen seite herausforderungen. ein fuß drin, ein fuß draußen. das ist der richtige zeitpunkt, um deine einstellung zu verfeinern und die veränderung willkommen zu heißen.

alte einstellungen könnten deinem wachstum im weg stehen.

wenn ihr inneres selbst sie fragt, ob sie diesen schritt machen sollen oder nicht, passen sie ihre einstellung an.

Sie sind zu viel mehr´ fähig, als Sie sich selbst zugestehen müssen.
Passe deine Einstellung an und erkenne, dass das Leben dich dazu aufruft, einen Schritt nach vorne zu machen und zu erkennen, wozu du wirklich fähig bist.

Ihre Einstellung ändern

der erfolg wird eines tages an deine tür klopfen. aber das glück, erfolgreich zu werden, sollte nicht hohl sein.

Verbessern Sie also Ihre Gedanken und achten Sie darauf, wie Sie erfolgreich werden, nicht wann.

Vergessen Sie nicht, für sich selbst zu klatschen

entscheide dich, anderen gegenüber mitfühlend zu sein, wenn du beschämt wirst.
entscheide dich, anderen Liebe zu geben, wenn du gehasst wirst.
entscheide dich, dein Essen mit anderen zu teilen, die es brauchen, auch wenn du wenig hast.

entscheide dich dafür, anderen zuzuhören und ihnen zu vertrauen, auch wenn du kein offenes Ohr und keine Schulter zum Weinen findest.

entscheide dich dafür, besser zu sein.
entscheide dich dafür, besser zu sein als das, was dich verletzt.
Entscheide dich dafür, Menschen für das, was sie gut können, zu begrüßen und sie nicht für das, was ihnen fehlt, herabzusetzen.

Entscheide dich dafür, die Menschen zu lieben, mit denen du zusammenlebst; eines Tages wirst du vielleicht ohne sie den Lebensweg gehen.

du bist derjenige

wir wünschten, wir könnten alle erfahrungen planen, die das universum für uns bereithält, aber das können wir nicht, denn jede erfahrung zu machen und uns selbst zu entwickeln, nennt man selbstentwicklung. stattdessen sollten wir angst davor haben, unser ganzes leben lang derselbe zu bleiben, angst davor, dass neue erfahrungen uns unser leben nehmen, angst davor, dass wir nicht in der lage sein werden, mit jeder einzigartigen erfahrung umzugehen, weil wir uns daran gewöhnt haben, an diesem ort zu sein, und einen atemzug außerhalb unserer komfortzone anzuhalten, macht uns angst.

Konzentrieren Sie sich auf das, was Sie innerlich fühlen; was sagt es Ihnen?
Du hast die Macht, deinen Zustand zu kontrollieren.
entscheide dich immer für eine positive Einstellung.

Die Situation, in der du dich befindest, ist eine Gelegenheit für dich, zu wachsen und besser zu werden.
Entscheiden Sie sich immer dafür, besser zu werden.

Du kannst nicht kontrollieren, was das Leben vor dir entfalten wird, aber du kannst dich immer dafür entscheiden, besser zu sein, besser als das Gegenwärtige.

fürchte kein Versagen.

Genieße das Gefühl, Tag für Tag besser zu werden.

Sie sind aus einem bestimmten Grund hier

Ich bin nicht besser wegen meiner Religion, Rasse, Ethnie, Hautfarbe oder meines sozialen Status.

ich bin nicht nett zu dir, weil ich eine Gegenleistung von dir erwarte. freundlich und nett zu sein, liegt in meiner Natur; wenn ich es zurückbekomme, ist es toll; wenn ich es nicht bekomme, ist es auch toll.

ich lebe mein leben nicht, um jemandem meine werte und meinen glauben aufzuzwingen. ich kann friedlich leben, weil ich trotz der rauhen um mich herum mit einem echten lächeln an meinen werten festhalten kann.

ich bin nicht aufrichtig und ehrlich, weil gott meine taten aufzeichnet. ich würde dir und mir selbst treu sein, auch wenn niemand zusieht.

ich stelle das leben nicht in frage, weil ich nach antworten verlange; ich suche nach gründen, weil ich mich mit den antworten, die ich bekomme, wohl fühle, und ich fühle mich auch wohl, wenn ich keine antwort habe.

ich kann nicht alle meine gefühle in den sprachen beschreiben, die ich kenne. es gibt etwas jenseits der beziehungen und menschen; es gibt etwas viel mächtigeres.

etwas, das diese Welt jenseits von Worten zusammenhält, etwas, das man einfach spüren kann, wenn man in ihr ist.

meine Philosophie

ich möchte dich nur daran erinnern, dass du ein erstaunlicher Mensch bist und dass du eine erstaunliche Leistung mit dir selbst vollbringst. das Leben wird dich mit endlosen Wundern von "was wäre wenn" und "was nicht" versorgen. was die meisten Menschen nicht erkennen, ist, wie kostbar dieser gegenwärtige Moment ist.

Habt Hoffnung, dass ihr euch selbst finden werdet,
habe die Hoffnung, dass es bald wahr sein wird
Du bist ein sich ständig weiterentwickelndes geistiges Wesen mit einer vollkommen fehlerhaften menschlichen Erfahrung.
erhebe dich auf die natürlichste Weise.
ein Atemzug nach dem anderen.
was du bist, kann wachsen; wachse weiter.

Grüße an die Hoffnung

über den Autor

sneha ist nachts schriftstellerin und tagsüber IT-Fachfrau. sie wurde in bhatapara, chhattisgarh, geboren. in ihren schriften geht es in der regel um die ironie des lebens und die phasen von beziehungen, in der hoffnung, dass ihre schriften denjenigen worte geben, die das gleiche durchgemacht und gefühlt haben wie sie.

das schreiben ist für sie eine leidenschaft und auch eine medizin. sie möchte eine sucherin des friedens und des wissens bleiben. abgesehen von ihrem interesse am schreiben ist sie stolze eltern von mehr als hundert pflanzen und bäumen und mehr als zwanzig pelzigen freunden.

sie liebt es, sich in die schönheit der phantasie zu vertiefen. ihre liebe zum skizzieren und malen verleiht ihren gedichten bedeutung und ausdruck. sie glaubt, dass die liebe das stärkste gefühl auf diesem planeten ist, und dass man alles erreichen kann, wenn man den richtigen geist hat.

Sie hat kostenlos an Kunstworkshops für diejenigen teilgenommen, die den Künstler in sich fördern wollten, sich den Kurs aber nicht leisten konnten. Sie arbeitet in einer IT-Firma in Bengaluru und lebt mit ihrem Mann und ihrer Tochter zusammen.

www.ingramcontent.com/pod-product-compliance
Lightning Source LLC
LaVergne TN
LVHW041937070526
838199LV00051BA/2823